뮤지컬 사회학

일러두기 : 단위를 나타내는 명사는 가독성을 위해 붙여서 표기했습니다.

최민우

뮤지컬 사회학

MUSICAL SOCIOLOGY

뮤지컬을 보는 새로운 시선

이콘

감사한 분들(가나다순)

고한희 ｜ 엠뮤지컬아트 홍보마케팅팀장

김선경 ｜ 인터파크씨어터 홍보팀장

김지원 ｜ 떼아뜨르 대표

김 효 ｜ 중앙대 예술문화연구원 연구교수

박명성 ｜ 신시컴퍼니 예술감독

서우석 ｜ 서울시립대 도시사회학과 교수

설도윤 ｜ 설앤컴퍼니 대표

성기완 ｜ 3호선 버터플라이 멤버

송한샘 ｜ 쇼노트 이사

신정아 ｜ 설앤컴퍼니 홍보마케팅부장

신춘수 ｜ 오디뮤지컬컴퍼니 대표

양성희 ｜ 중앙일보 문화부 부장

양혜영 ｜ CJ E&M 공연사업부문 과장

엄홍현 ｜ EMK뮤지컬컴퍼니 대표

원종원 ｜ 순천향대 신문방송학과 교수

유경숙 ｜ 세계축제연구소장

윤호진 ｜ 에이콤 인터내셔널 대표

이은태 ｜ 극단 시키 프로듀서

정명근 ｜ KCMI 전 대표

최승희 ｜ 신시컴퍼니 홍보팀장

최용석 ｜ BOM코리아 대표

황보예 ｜ 오디뮤지컬컴퍼니 홍보담당

공연계 종사자들에게 깐깐하기로 이름 높은 담당 기자라면 단연 중앙일보 최민우 기자가 0순위로 꼽히곤 했다. 오죽하면 그가 2009년부터 연재하기 시작한 칼럼 제목이 '최민우 기자의 까칠한 무대'로 달렸을 때, 이 업계 대다수가 탁 하고 무릎을 쳤을까. 직업인으로서 최민우가 까칠하다는 것은 본인도 인정하는 부분이다. (인간 자체가 까칠한가에 대한 판단은 적어도 이 자리에서는 하지 않겠다. 그래도 그가 쓴 책의 추천사이니)

단언컨대 공연 담당 기자로 그가 지난 8년간 쓴 숱한 기사들은 여러 사람을 불편하게 했다. 대표적인 경우는 에이콤 윤호진 대표가 뮤지컬 〈영웅〉의 티켓 최고가를 5만원으로 낮추겠다고 했던 2012년 가을이었다. 윤 대표와 최 기자는 평소 막역한 사이였지만, 이 사안이 처음 알려졌을 때 최 기자 기사에서 둘의 친근함은 털끝만큼도 없었다. 냉정함과 단호함뿐이었다. 물론 그 기사로 두 사람은 한동안 냉랭했지만.

그러다보니 안타까운 경우가 적지 않았다. 중앙일보가 주최하는 뮤지컬 시상식 '더 뮤지컬 어워즈'가 임박하면 가관이었다. 시상식 핵심이었던 최 기자는 시상식 당일이면 평소 독설로 상처 주었던 제작사 대표나 연출가, 배우 등이 행사장에 안 올까 전전긍긍했다. 곁에서 지켜보고 있자면 한편으론 안쓰러웠지만 내심 고소했다. 그러게 평소에 잘하지, 그렇게 사람 속을 긁는 기사를 써 온 당신을 누가 도와주겠냐 싶었다. 아무래도 그는 자신의 죄(?) 쯤은 까맣게 잊어버린 것 같았다. 중증 건망증? 근거 없는 자신감? 무슨 똥배짱인지 그 속이 궁금했다.

누가 시키지도 않은 성역 없는 기사 덕분에 '더 뮤지컬 어워즈'를 책임진 프로듀서 최민우는 늘 애를 먹었지만, 기자 최민우의 기사는 참 인기였다. 기사와 관련된 사람들의 고통보다는 읽으면서 느끼는 후련함과 통쾌함이 솔직히 더 컸다. 까칠한 기사의 행간에서 공연에 대한 투철한 문제의식, 인간에 대한 애정을 느낀 독자가 비단 나 뿐만은 아니었으리라. 그는 공연을 사랑하지 않는다고 애써 자신의 애정을 부인하곤 하지만, 공연계가 더 성장하고 성숙하기 위해 개선해야 할 것을 직시하고 목소리를 낼 수 있는 이였다.

불행인지 다행인지 2014년 1월, 최민우 기자가 공연계를 떠났다. 이제 좀 편안해지나 했더니, 나 아직 눈 시퍼렇게 뜨고 있다는 듯, 내가 없어도 잘 하라는 듯 이렇게 한국 뮤지컬 시장을 구석구석 살펴본 책을 펴낸다. 제목에서도 알 수 있듯, 무대 그 자체가 아니라 무대 밖의 사회적 현상에 시선을 맞추어 한국 뮤지컬 시장을 독특하게 파헤친다. 이를테면 흥행 뮤지컬의 대명사인 〈오페라의 유령〉이 최근 흥행 부진을 겪은 이유가 무엇인지, 브로드웨이에서 15년 넘게 롱런 중인 스테디셀러 뮤지컬 〈라이온 킹〉이 한국에서는 왜 1년 밖에 공연을 올리지 못했는지 따져본다. 누가 최민우 아니랄까 봐 참 설득력 있게 논리적으로 정리했다. 10년 전만해도 누가 한국에서 해마다 150여 편의 뮤지컬이 새롭게 제작되고, 뮤지컬 전용극장이 속속 들어서리라 예상했는가. 역동적인 변화를 겪으며 대한민국 뮤지컬 시장은 꽤 큰 덩치로 커왔다. 최민우 기자는 그 변화의 중심에 관객이 있고 이제 좀 더 진지하게 그들에 주목해야 한다고 말하고 있다. 전략적이고 영리하게 대중의 욕구를 들여다 볼 때가 되었다고 설파하고 있다. 무엇보다 한국 창작 뮤지컬에서 브로드웨이를 능가하는 히트 상품이 나올 때가 되었다는 예감과 함께.

단순한 관찰자가 아닌, 실행자이기도 했던 그가 8년 넘게 현장에서 몸으로 부딪치며 체득한 경험을 정교한 분석틀로 재해석해 책 읽는 맛이 꽤 쫄깃했다. 감상문 형식의 인상 비평이 대부분인

뮤지컬 사회학

국내 뮤지컬계에 이 책이 뮤지컬을 응시하는 새로운 시각을 가져다 주리라 믿는다. 공연계를 떠나며(행여 돌아올까 걱정되지만) 최 기자가 마지막으로 건넨 선물 아닐까 싶다. 수고했고, 고맙다.

2014년 5월
국립극장장 안호상

차 례

왜 뮤지컬에 사회학을 운운하나

2005년 9월이었다. 내가 중앙일보에서 공연 담당 기자를 처음 하게 된 건. 여기서 '공연'이라고 하면 연극 뮤지컬 무용 분야를 말한다. 클래식이나 콘서트는 따로 기자가 있다. 내가 공연을 맡게 된 건 특별히 원해서가 아니었다. 전임자가 노조의 상근자로 가게 돼 공석이 됐기 때문이었다. 일간지에서 출입처란 대개 그런 이유에서 바뀐다.

그렇게 8년이란 시간이 넘게 지났다. 기자 사회에서 특정 출입처를 3년 넘게 맡는 건 꽤 오래 한 축에 속한다. 그런데 무려 8년이라니. 특히 난 뮤지컬이란 장르에 꽂혔다. 왜 그런지는 잘 모르겠다. 워낙 진중하지 못해서? 그저 웃고 지지고 볶는 것만 좋아해서? 그렇다고 과거에 뮤지컬을 본 적도 거의 없었다. 담당하기 전까지 기껏 본 거라야 1997년 혼자 유럽 배낭여행을 간 런던에서 〈오페라의 유령〉과 〈미스 사이공〉 두 편을 본 게 전부였다. 그때도 무슨 내용인지 몰라 꾸벅꾸벅 졸았던 것으로 기억된다.

그렇게 문외한이었던, 관심조차 없었던 내가 뮤지컬을 맡아 8년 넘게 담당 기자를 했으니 참 별난 일이었다. 굳이 이유를 꼽자면 초등학교 4학년 때부터 들은 팝송이 영향을 미쳤을 듯싶다. 팝음악을 들으며 유년기를 보낸 탓에 대중적인 선율에 중심을 둔 뮤지컬 음악이 귀에 착착 감겼을 지도 모르겠다. 그러고 보니 대학 시절엔 잠깐 연극반 활동도 했었다. 그 경험도 일부 영향을 미쳤을 것 같다.

그렇게 담당 기자로 뮤지컬과 관련된 기사를 쓰다 보니 어떤 패턴이라는 게 있다는 걸 어렴풋이 알게 됐다. 그건 줄거리가 어떻고, 무엇을 원작으로 했는데 음악적 완성도는 조금 떨어진다는 식이었다. 텍스트text를 갖고 이리저리 따진다는 얘기다. 기사뿐만이 아니었다. 대개의 평론도, 혹은 간단한 20자평이나 별점도 그랬다. 시중에 나온 뮤지컬 관련 책도 특정 작품의 내용을 시시콜콜 소개하는 데 치중했다. 그야말로 뮤지컬과 관련된 논의라는 논의는 몽땅 텍스트에 대한 분석이 전부였다.

텍스트가 중요하지 않다는 게 아니다. 일차적 요소다. 하지만 관객은 일차적 요소만으로 그 뮤지컬을 선택하진 않는다. 훨씬 더 복잡하다. 우선 티켓 값이 얼마인지가 중요하다. 왜냐면 가격이 천차만별이기 때문이다. 뮤지컬을 하는 극장까지 시간이 얼마나 걸리는

지도 고려한다. 극장의 로비는 넓은지, 주변 분위기는 어떤지도 본능적으로 따진다. 그날 출연하는 배우가 누구인지도 반드시 체크해야 할 사항이다.

영화라면 이런 극장, 가격, 출연진 등 부수적인 요소까지 세세하게 따질 필요가 없다. 왜냐하면 〈아이언 맨〉을 서울에서 보든, 프랑스 파리에서 보든 우린 똑같은 〈아이언 맨〉을 보기 때문이다. 그래서 영화와 관련된 얘기는 텍스트가 사실상 전부다. 하지만 뮤지컬은 다르다.

이 책은 영화/드라마와는 다른 뮤지컬의 고유성, 특수성을 한 번 파헤쳐 보고자 쓰게 됐다. 〈위키드〉에 어떤 세계관이 투영됐는지, 〈오페라의 유령〉의 무대 기술이 무엇인지, 스티븐 손드하임이 어떤 화성법에 기초해 작곡했는지 알고 싶다면 당장 이 책을 덮으라고 얘기하겠다. 난 그런 건 잘 모른다. 그런 테마는 나 말고도 얘기할 사람이 꽤 있다.

이 책은 말랑말랑하기보다 딱딱한 축에 속할 것이다. 뮤지컬과 관련된 미학적 담론도 별로 다루지 않는다. 그래서 조금은 낯설지도 모른다. 하지만 이 책에서 제기하는 질문들이 오히려 뮤지컬의 본질적 요소라고 난 감히 단언한다. 미국 브로드웨이에서 공연했던 〈지킬 앤 하이드〉와 서울에서 공연했던 〈지킬 앤 하이드〉는 두 개의 뮤지컬이나 마찬가지다. 대본과 음악이라는 텍스트만 동일할 뿐, 공연장 관객 배우 언어 등은 몽땅 다르기 때문이다. 이걸 고려하지 않은 채 그저 박제화된 음악과 줄거리, 즉 텍스트만 가지고 떠들어 대니 공허한 울림으로 겉돌 수밖에 없는 거다.

이 책에서는 영국 웨스트엔드에서 히트 쳤던 뮤지컬이 한국에서는 왜 실패했는지 다루려고 한다. 10년 전 대박 났던 작품이 요즘엔 왜 썰렁한지, A라는 극장에서 할 땐 짭짤했던 뮤지컬이 B극장에서는 왜 파리 날리고 있는지 따져볼 것이다. 왜 티켓 값이 그리 비싸고, 캐스팅에 목을 매고, 트리플 쿼드러플 등 번질나게 남자 배우가 바뀌는지 따져볼 요량이다.

이토록 요상하게 작품을 만들고, 희한한 마케팅을 하면서도 재미 보는 작품이 별로 없고, 그런데도 어지간한 해외 뮤지컬을 몽땅 가져다 올리는 나라는 지구상에 대한민국밖에 없다. 해외 사례로는 절대 설명할 수 없으며, 그건 단순히 텍스트 분석만으로도 도저히 알 수 없다. 대한민국 뮤지컬 바닥에서 벌어지는 현상을 알기 위해선 한국인의 정서가 어떤지, 사회적 환경이 어떻게 돌아가는지, 시대적 흐름이 무엇인지 등을 참조해야 나름의 실마리를 찾을 수 있다. 한국인이, 한국사회가 어떻게 굴러 먹은지를 알아야 한다는 얘기다. 단언컨대 뮤지컬에 대한 사회학적 접근과 해석은 지적 허영을 부리는 겉멋이 아닌, 핵심을 파고드는 정도다.

그 분석틀이, 그 논리적 전개가 얼마나 설득력이 있고 정밀한지는 100% 자신할 수 없다. "엉터리 얘기 꺼내지 마"란 소리가 나올 수도 있다. 그런 비판, 절대적으로 환영한다. 이 책의 목적이 사실 거기에 있으니 말이다. 지금껏 '텍스트주의'에만 함몰됐던 한국 뮤지컬계에 이 책이 조금이나마 논의의 외연을 넓혀주는 계기가 된다면 난 충분히 만족한다. 이 정도의 시장 규모라면, 해마다 150여편의 신작 뮤지컬이 쏟아지는 상황이라면, 작품 내용만 얘기하지 않고 뮤지컬이 어떤 과정을 거쳐 생산되고, 유통되며, 소비되는지 따져볼 때가 됐다. 무엇보다 무대 위 '완제품'에만 쏠렸던 과도한 관심을 거두고, 그간 외면했지만 뮤지컬의 진짜 주인인 '관객'에게로 시선이 옮겨지길 기대해 본다.

2014년 5월 서소문에서

1장

뮤지컬은 왜 10만원이 넘을까

가격의 심리학

값이 비싸다?
값이 다르다!

뮤지컬과 영화의 차이는 무엇일까.

이 질문에 앞서 비교 대상이 왜 하필 영화냐고 따질지 모르겠다. 영화를 본다는 게 그만큼 친숙한 여가 활동으로 자리 잡혔고, 뮤지컬처럼 문화 관람에 속한다는 말로 대답이 되지 않을까 싶다. 앞으로도 영화와의 비교는 빈번히 등장한다.

다시 원래 질문으로 돌아가자. 영화와의 차이? 뮤지컬은 무대고, 영화는 필름이다. 그래서 뮤지컬은 일회성이지만 영화는 무한 복제가 가능하다. 뮤지컬은 한 군데 공연장에서만 볼 수 있지만, 영화는 같은 작품을 수백 군데 영화관에서 동시에 틀 수 있다. 제화의 유한성과 무한성, 뮤지컬 관람에 돈이 많이 들고 영화 보는 게 싼 근본적 이유이다.

이건 누구나 알 수 있는 내용이다. 조금만 안을 더 들여다보자.

소비자 입장에서 "싸다, 비싸다"로 영화와 뮤지컬을 구분하는 것보다 더 본질적인 요소가 있다. 바로 '가격의 유동성'이다. 영화는 값이 똑같다. 제작비 수천억 원이 든 할리우드 블록버스터건, 구질구질한 뒷골목을 핸드헬드 기법으로 찍은 다큐멘터리건, 영화관에 오른 영화라면 균일 가격(현재 한국은 9,000원이다)을 받는다. 소비자가 꼼꼼해 각종 할인을 받거나, CGV 골드클래스처럼 럭셔리한 극장에서 보는 예외적 상황이 아니라면 말이다.

반면 뮤지컬은 천차만별이다. 흔히들 10만원이 넘는다고 하는데, 이는 꽤 고급 공연장에서 하는 대형 뮤지컬에 준한다. 서울 대학로에서 하는 소극장 뮤지컬은 대개 3, 4만원이면 족하다. 심지어 영화 보는 값과 비슷한, 1만원 남짓한 돈으로 뮤지컬 한편을 보는 경우도 있다. 작품에 따라서만 가격차가 나는 게 아니다. 같은 작품이라도 좌석마다 또 다르다. VIP석 11만원, R석 9만원, S석 7만원으로 하는 식이다. 정해진 규칙이란 것도 없다. 최고가는 얼마인지, 등급 구간은 몇 개인지, 좌석별 가격차는 얼마로 할 지 그야말로 '엿장수 맘대로'다.

바로 이 가격의 '유동성'과 '자율성'에서 뮤지컬이란 장르의 복잡한 4차 방정식은 출발한다. 티켓값은 우선 만드는 사람의 머리를 골치 아프게 한다. 얼마로 해야 수익이 날지, 혹시 너무 비싸다고 여론의 뭇매는 맞게 되진 않을지, 관객을 더 끌어들일 요량으로 값을 내렸다가 행여 싼티 나는 뮤지컬로 전락하는 건 아닐지 전전긍

궁하게 된다. 때로는 머리가 너무 아파 차라리 '정부에서 권장 소비자 가격을 일률적으로 정하면 속 편할 텐데'라는 생각을 할지도 모른다.

머리 굴리기는 소비자도 마찬가지다. 보고 싶긴 한데 12만원을 내고 봐도 그만큼의 값을 할지 영 확신이 안 선다. 10만원이 넘는 VIP석은 차마 엄두가 안 나지만 9만원 내고 R석에서 볼지, 아니면 그보다 2만원 싼 S석을 고를지 이리저리 재본다. '에라 기분이다'란 심정으로 R석을 택했어도 끝이 아니다. 같은 R석 중에서도 조금이라도 시야가 좋은 자리에 앉으려고 좌석 배치도를 샅샅이 훑게 된다. 아니 이참에 괜히 큰 돈 들여 폼 잡지 말고, 차라리 3만원짜리 소극장 뮤지컬을 몇 편 더 보는 게 실용적인 건 아닐까 머뭇거리기도 한다. 제작자도 소비자도 참 복잡해지고 까다로워진다. 이 모든 고민의 출발점은 티켓값이 '다르기' 때문이다.

이렇게 복잡하게 얽혀 있으니 뮤지컬을 보고자 하는 관객이 가장 목말라하는 정보는, 작품의 줄거리나 음악적 수준이 아닌, '가격 대비 만족도'일 게다. 똑같은 가격을 지불하는 영화 관객이라면 상품의 수준, 즉 영화의 '완성도'만 따지면 그만이다. 하지만 뮤지컬 소비자는 X축의 가격, Y축의 완성도를 동시에 재야하는 수고스러움을 감내해야 한다. 또한 보고자 하는 뮤지컬의 수준을 미리 검증할 수 없다는 점도 불안 요소다. "3일간 직접 체험하신 후 마음에 안 들면 반품하셔도 됩니다"라는 TV 홈쇼핑처럼 뮤지컬도 '공연 초반 20분만 보고 마음에 안 들면 그대로 돌아가도' 된다면 얼마나 좋을까. 이럴 때 의지하게 되는 건 이미 본 사람들의 말이다. 입소문이 무서운 이유다. 최근엔 예매 사이트 관람 후기가 '가장 영향력 있는 홍보수단'으로 각광받고 있다. 그만큼 뮤지컬이 돈 값을 하는지에 소비자들은 민감하다.

그러니 고상한 평론가분들, 제발 잘 알지 못하는 난해한 용어 써가며 뮤지컬 해부 그만 하시고 다음과 같은 한마디 해주시면 어떨지. 아마 관객의 절대적인 지지로 단숨에 '스타 평론가'로 발돋움할 텐데 말이다. "이 뮤지컬은 12만원을 내고 보기엔 아깝다. 드라마의 감동은 7만원가량, 음악적 퀄리티는 9만원 정도 한다. 종합해서 8만원을 내고 보면 적당하다. 그러니 30% 할인하기 전엔 보지 않는 게 좋다."

02

가격의
원리

    돈을 내고 본다는 측면에서 뮤지컬도 엄연히 상품이다. 티켓값 역시 일반적인 상품의 가격 산정 원리와 크게 다르지 않다.

    가격 산정 원리의 첫 번째는 원가 가산 산출cost plus pricing이다. 원가에 이윤을 덧붙인다는 얘기다. 원가가 1,000원이라면 여기에 적당한 이윤을 더해 가격을 결정한다. 손익 분기점으로 예상되는 지점이 어디인지, 목표 이익이 얼마인지, 생산량이 어느 정도 가능한지 등을 고려한다.

    원가 가산 산출 방식은 뮤지컬에 그대로 적용될 수 있다. 뮤지컬에서 원가란 작품 만드는 데 들어가는 비용 일체를 말한다. 극작가와 작곡가, 혹은 무대, 의상, 조명 디자이너 등에게 돈을 지급해야 할 테고, 배우와 스태프 개런티도 있으며 극장 대관료도 제법 들어간다. 최근 공연 규모가 커지면서 마케팅비도 급증세다. 전체 얼마의 비용이 들어갈 것인지를 계산한 뒤, 공연 횟수, 객석수와 유료 객석 점유율 등을 고려해 티켓값을 정한다. 이때 객단가란 용어가 등장한다. 좌석당 평균 가격으로 이해하면 된다.

둘째 원리는 경쟁 가격 전략이다. 경쟁 상대의 가격을 바탕으로 내 가격을 정하는 것이다. 뮤지컬도 예외가 아니다. 경쟁 상대끼리는 대개 비슷한 가격을 내놓는다. 여기엔 극장 규모가 기준이 되곤 한다. 300석 미만의 소극장 뮤지컬의 경우 최고가는 3,4만원, 300석 이상 800석 미만의 중극장은 6~8만원, 1,000석 이상 대극장 뮤지컬은 10~13만원으로 형성돼 있는 게 최근 추세다. 서울 대학로 소극장에서 뮤지컬을 공연하면서 10만원짜리 티켓을 내놓는 '정신 나간' 제작자는 없을 게다.

경쟁 뮤지컬과의 눈치 보기는 연말에 특히 집중된다. 연말 주요 공연장은 대개 뮤지컬들이 점령한다. 예를 들어 예술의전당 오페라극장에서 〈오페라의 유령〉을 하고, 국립극장에서 〈명성황후〉, LG아트센터에서 〈지킬 앤 하이드〉를 한다고 치자. 세 작품 모두 최고가는 12만원이나 13만원이다. 이때 세종문화회관에서 신작 프랑스 뮤지컬을 올린다면 VIP석은 얼마로 하는 게 먹힐까. 안전하게 12만원? 박리다매로 10만원 미만? 아니면 '우린 니들과 달라'라며 20만원으로 질러? 12만원은 차별화가 안 될 것 같고, 9만원으로 하면 관객은 더 올 가능성이 높겠지만 수익성이 낮아질 테고, 20만원으로 하면 '초호화 뮤지컬 논란'과 같은 기사로 된서리를 맞을지도 모른다. 어차피 신작이라 인지도도 낮은데 차라리 '노이즈 마케팅'이라도 펴는 게 나을까?

셋째 원리는 수요가 증가하면 가격이 오르고, 반대로 줄면 떨어진다는 '수요와 공급 이론'이다. 미시경제학에서는 한계비용과 한계수익이 0이 되는 지점에서 가격이 결정된다고 말한다. 하지만 이를 뮤지컬에 그대로 적용하기엔 조금 무리가 있다. 한국에서 뮤지컬은 기간을 정해놓고 하는 게 대부분이다. 아무리 히트를 친다(수요 증가) 한들 의자 수 늘리기, 극장 크게 만들기, 횟수 갑자기 늘리기(공급 증가) 등은 불가능하다. 티켓값 역시 장사가 잘 된다(수요 증가)고 처음 공표했던 티켓값보다 더 비싸게 파는 경우(가격 상승)는 전례가 없다. 대신 손님이 없으면(수요 감소) 할인 정책을 펴는 경우(가격 하락)는 흔하게 있다. 손님이 줄어들 때, 즉 위기 대처 방식은 발달돼 있는 반면, 잘 될 때 그 이상으로 수익을 끌어올릴 수 있는 방법은 없는 셈이다. 공급량이 정해져 있다는 한국 뮤지컬 시장만의 독특한 구조는 뮤지컬 티켓값이 고가인 또 하나의 이유이기도 하다. (브로드웨이나 웨스트엔드에서는 공급량을 늘릴 수 있다. 통상 종료일을 정하지 않고 오픈런open-run으로 공연하기 때문이다. 관객만 온다면 계속 공연은 올라간다. 〈오페라의 유령〉은 웨스트엔드에서는 1986년부터, 브로드웨이에서는 1988년부터 현재까지 계속 공연 중이다.)

　　　　　뮤지컬 사회학

티켓값은
어떻게 정해지나

단지 경제 원리에 따라 가격을 정하면 될까. 다른 제화도 가격 산정에 변수가 많겠지만 '모 아니면 도'로 극과 극을 달리는 쇼 비즈니스에서 가격은 흥행의 결정적 요소다. 티켓값엔 작품의 완성도, 마케팅 전략, 소비 성향, 위기 대처 방법 등이 고스란히 반영돼 있다. 온갖 변수를 종합적으로 고려해야 하는 탓에 '가격 예술'이라 불러도 과언이 아니다. 그래서 구체적 사례는 가장 확실한 교과서다. 2008년 연말 국립극장 해오름극장에서 공연된 뮤지컬 〈지붕 위의 바이올린〉을 통해 티켓값이 어떤 과정을 거쳐 탄생하고 변화하는지 알아보자.

과거를 참조한다

무턱대고 가격을 정할 순 없다. 비교 대상이 있어야 한다. 똑같은 조건에서 과거 사례를 살펴보는 게 가장 먼저 해야 할 일이다.

여기서 똑같은 조건이란 기간과 장소다. 〈지붕 위의 바이올린〉 2008년 공연과 같은 시기(연말), 같은 장소(국립극장 해오름극장)에서 공연됐던 것과 비교한다는 얘기다. 비교 대상은 뮤지컬 〈명성황후〉다. 2006년과 2007년, 2년 연속 연말 시즌 국립극장 해오름극장 무대에 올랐다.

●● **명성황후 2006, 2007년 흥행 결과**

기간	횟수	유료점유율(%)	관객 수
2006년 12월 2~24일	34회	82	5만·4,000명
2007년 12월 5~28일	39회	80.5	4만 8,000명

과거 두 차례 공연은 엄청난 대박이었다. 〈명성황후〉가 2000년 대 들어 기록한 최고 유료 점유율이었다. 유료 점유율 80% 이상이라면, 초대권과 사석 등을 고려하면 현실적인 객석 점유율은 90%를 넘긴다. 3층 가장 나쁜 좌석을 빼놓곤 거의 빈자리가 없었다는 얘기다. 두 번 다 5만명 안팎의 관객이 들어왔고, 티켓값 역시 두 번 다 12, 9, 7, 4만원이었다.

이 결과는 몇 가지 시사점을 준다. 첫째 연말 시즌 국립극장은 시기나 장소 면에서 분명 경쟁력이 있다는 점이다. 둘째 〈명성황후〉처럼 중장년 관객을 겨냥한 콘텐츠의 성공 가능성이 높다는 점이다. 시기와 장소가 동일하고, 타깃 관객이 비슷하다는 점에서 〈지붕 위의 바이올린〉도 어느 정도 흥행이 되리라는 희망을 얻을 수 있다. 반면 인지도 면에서는 큰 차가 있다. 뮤지컬 〈명성황후〉는 1995년 이후 거의 매년 무대에 오르며 고정팬 뿐만 아니라, 뮤지컬 입문용으로 어느 정도 자리를 잡았다. 〈지붕 위의 바이올린〉은 영화로는 유명하나 뮤지컬로는 일반 대중에게 익숙하지 않다는 점은 약점이었다.

목표치에 맞춰 객단가 정하기

과거를 살펴본 건 현재의 목표를 정하기 위함이다. 〈지붕 위의 바이올린〉 2008년 공연은 11월 19일부터 12월 28일까지. 공연 횟수 50회이며 제작비는 26억원이었다.

이전 40회 미만의 두 차례 〈명성황후〉 공연에서는 5만명 안팎의 관객이 들었다. 인지도에서는 〈명성황후〉와 〈지붕 위의 바이올린〉은 큰 차가 있다. 그래도 비슷한 시기에 같은 공연장에서, 그것도 공연 횟수가 10회가 더 넘는다면 관객 5만명은 가능하지 않을까. 〈지붕 위의 바이올린〉 제작사측은 '관객 5 만명'을 목표 관객수로 잡았다. 관객 5만명은 전체 객석 규모(국립극장 해오름극장은 1,571석이다. 50(횟수)×1,571(객석수)=7만 8,000여석)의 65%에 해당한다. 유료 점유율을 65%로 잡는 건 무리한 목표가 아니다.

목표 관객수 이후엔 티켓 판매액이다. 제작비가 26억원이 드니, 목표 판매액은 이 보다 높은 30억원 가량으로 잡는다. 목표 관객수와 목표 판매액에 따라 객단가는 자연스럽게 산출돼 6만원이란 계산이 나온다.(판매액 30억원÷관객수 5만명)

주의할 점 한 가지. 여기서 나온 객단가란 여러 가지 비용을 제외한 순수^{net} 객단가란 사실이다. 무슨 말인가 하면, 라이선스 뮤지컬의 경우 공연이 끝나고 나면 전체 매출에서 로열티, 부가세 등을 내야 한다. 여기에 티켓수수료와 할인 금액까지 더하면 전체 매출에서 평균적으로 25~30%는 무조건 빠진다고 보면 된다. 즉 제작비 20억원을 들인 뮤지컬이 티켓 판매로 20억원의 수입을 올릴 경우, 겉으로 봐선 손해가 없는 거지만 실상 안을 들여다보면 로열티, 부가세, 티켓수수료 등으로 적어도 5억원 가량이 빠져 나가 5억원의 손실이 난다는 얘기다. 〈지붕 위의 바이올린〉의 객단가 6만원도 이렇게 매출 뒤에 나갈 비용을 고려하지 않은 순수 객단가이므로, 겉으로 표시될 객단가는 이보다 약 30% 가량 높게 책정해야 한다.

경쟁작과 비교하라

비슷한 시기에 어떤 뮤지컬이 올라가는지도 따져봐야 한다. 2008년 연말은 특히 경쟁이 치열했다. 한국 배우들에 의해 처음 공연되는 〈캣츠〉가 있었고, 할 때마다 흥행에 성공했던 〈지킬 앤 하이드〉도 순항 중이었다. 600만명을 동원했던 히트 영화 〈미녀는 괴로워〉가 창작 뮤지컬로 첫 선을 보인 것도 이맘때였다. 최고 변수

뮤지컬 사회학

는 태양의 서커스 〈알레그리아〉였다. 2007년에 국내에 처음 소개돼 선풍적 인기를 모았던 태양의 서커스가 이번엔 연말 시즌을 노리고 들어와 〈지붕 위의 바이올린〉을 위협했다.

●● 2008년 연말 시즌 주요 뮤지컬

작품	공연장	시기	최고가
태양의서커스 〈알레그리아〉	잠실 빅탑씨어터	10월 15일~12월 27일	20만원
캣츠	샤롯데씨어터	9월 19일~2009년 1월 18일	12만원
지킬 앤 하이드	LG아트센터	11월 11일~2009년 2월 22일	12만원
미녀는 괴로워	충무아트홀	11월 27일~2009년 2월 1일	9만원

각각의 뮤지컬엔 장단점이 있었다. 예를 들어 〈알레그리아〉의 경우엔 고품격 서커스라는 점에서 희소성이 있지만, 역으로 텐트 극장은 아킬레스건이었다. 정식 공연장이 아닌 곳에서, 그것도 겨울철에 하는데, 20만원을 기꺼이 지불할까 의문이었다. 타 공연의 강점과 약점까지 비교해 가며, 타깃 관객층이 서로 겹치는가 여부도 고려해 최종 티켓값을 정해야 했다.

차별화된 가격 전략

〈지붕 위의 바이올린〉의 최고가는 12만원으로 정했다. 〈캣츠〉〈지킬 앤 하이드〉와 동일선상에 놓은 것이다. 단 변화를 주었다. 주말, 주중 가격을 달리했다.

주말은 12, 10, 8, 5, 4만원으로 구성된 반면, 주중엔 11, 9, 7, 4, 3만원으로 1만원씩 가격을 낮췄다. 평일에 관객이 다소 적다는 점을 반영한 결과다. 이후 주말가격과 주중가격을 달리 책정하는 게 상당히 일반화가 된 걸 보면, 나름 선진적인 가격 책정 방식이었던 셈이다.

S석(8만원)과 A석(5만원)의 가격차를 둔 것도 눈여겨 볼 대목이다. 상식적으론 좌석 등급별로 2만원 차를 두는 게 일반적이지만, S석과 A석의 간격을 더 넓힌 건 일종의 착시 효과를 노린 것이다. 티켓 판매에 있어서 제작사들이 가장 부담스러워하는 좌석 등급은 R석이다. 부유층은 VIP석을 사가고, 학생이나 젊은 직장인들은 S석 이하로 사가는 데 반해, 실제로 가장 많은 좌석을 형성하고 있는 R석은 애매모호한 게 한국 실정이다. 〈지붕 위의 바이올린〉은 S석과 A석의 가격차를 두어 S석의 가격이 다소 비싸다는 느낌을 주었다. 이건 A석의 판매를 늘리는 방법이라기보다는 오히려 'R과 S의 차가 별로 없는 데 그냥 R석에서 봐야겠다'란 생각이 들게끔 하는 전략이었다.

이상의 방법들은 공연 올라가기 전까지 단계다. 막상 공연이 오른 뒤엔 판매 현황을 보며 다양한 할인 정책을 쓰게 된다. 〈지붕 위의 바이올린〉 역시 그랬다. 경제적 심리적 사회적 상황을 종합해 가격을 책정하고, 롤러코스터처럼 엎치락뒤치락하는 현실을 반영해

할인 방법도 동원했다. 그렇다면 최종 흥행 결과는? 5억원 이상 손해봤다. 뮤지컬 흥행, 참 알 수 없고, 가격 책정 역시 정답이 없다.

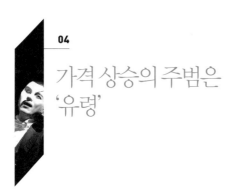

04

가격 상승의 주범은 '유령'

대형 뮤지컬 한편을 좋은 자리에서 보려면 최소 10만원을 내야 한다는 건, 이젠 소비자들도 대충 각오(?)하고 있는 사안이다. 그런데 10만원대 가격은 언제부터 생긴걸까?

2000년대 초반만 해도 그렇진 않았다. 이른바 서울 4대 메이저 공연장이라 불리는 예술의전당, 세종문화회관, 국립극장, LG아트센터에서 2000년과 2001년에 올라간 뮤지컬들의 최고가는 대략 5만원 안팎이었다. 〈명성황후〉만이 최고가 7만원이었다. (우측표 참조)

가격의 일대 변혁은 2001년 연말에 불어 닥쳤다. 바로 〈오페라의 유령〉이었다. 2001년 12월 LG아트센터에서 개막한 〈오페라의 유령〉은 당시로선 상상도 하지 못하던, 최장기(7개월) 최다 제작비 (128억원) 등의 신기록을 써 갔다. 흥행도 대박이 터져 매출액은

시기	작품	공연장	최고가
2000년 8월	아가씨와 건달들	세종문화회관 대극장	5만 5,000원
11월	올 댓 재즈	LG아트센터	4만원
12월	시카고	세종문화회관 대극장	6만원
12월	브로드웨이 42번가	LG아트센터	5만원
12월	명성황후	예술의전당 오페라극장	7만원
2001년 1월	지저스 크라이스트 수퍼스타	국립극장 해오름극장	5만원
2월	렌트	예술의전당 오페라극장	5만원

198억원에 이르렀다. 〈오페라의 유령〉의 성공신화는 한국 뮤지컬에도 비로소 '산업' '시장'이라는 단어를 쓸 수 있게 만들었다.

횟수, 규모 등에서 한국 뮤지컬의 패러다임을 완벽히 다시 쓴 〈오페라의 유령〉은 티켓값도 차원이 달랐다. 최고가인 VIP석은 무려 15만원이었다. 기존 가격에 비해 거의 3배나 비싼 초고가였다. 물론 VIP석은 70석으로 한정 시킨 채 프로그램북 제공, 라운지 이용 등의 혜택을 주었지만, 3배나 비싼 초고가 티켓에 뮤지컬계는 깜짝 놀랐다. 하지만 '나는 남과 다르다'는 것을 과시하고 싶은 최상위층의 욕구를 건드리며 VIP석은 다른 좌석보다도 가장 빨리 팔려 나갔다. 한국에서 뮤지컬이 '명품'으로 자리매김하는 결정적 순간이었다.

〈오페라의 유령〉의 성공 시나리오는 하나의 바로미터였다. 제작자들에게 '10만원이 넘어도 올 사람은 온다'는 확신을 주기에 부족함이 없었다. 자연스레 티켓값은 수직상승하기 시작했다. 한 가지 더 고려할 대목이 있다. 2001년 〈오페라의 유령〉의 R석은 10만원이었다. 두 번째 등급마저도 10만원에 판매했다는 점이다. "아무리 〈오페라의 유령〉이라지만 두 번째 등급이 10만원인데 우리 작품이 그보다 낮아선 안 되지"라는 분위기가 제작자들 사이에 형성됐다. 이런 추세는 2004년초 13만원짜리 VIP석을 내놓은 〈맘마미아〉가 또다시 공전의 히트를 기록하면서 더욱 확고해졌다. '대형 뮤지컬 최고가 = 10만원 이상'은 하나의 불문율이 되고 말았다.

●● 2001년 〈오페라의 유령〉 이후 주요 뮤지컬 최고가

시기	작품	공연장	최고가
2002년 3월	명성황후	예술의전당 오페라극장	10만원
7월	레미제라블(해외팀)	세종문화회관 대극장	10만원
8월	웨스트 사이드 스토리	세종문화회관 대극장	10만원
2003년 1월	캣츠(해외팀)	예술의전당 오페라극장	12만원
7월	시카고(해외팀)	국립극장 해오름극장	12만원
11월	킹 앤 아이	LG아트센터	11만원
2004년 1월	맘마미아	예술의전당 오페라극장	13만원
7월	캬바레(해외팀)	세종문화회관 대극장	13만원
8월	미녀와 야수	LG아트센터	12만원
11월	지저스 크라이스트 수퍼스타	세종문화회관 대극장	12만원

뮤지컬 사회학

05

한국만 유독 비싼걸까

2002년 이후 대형 뮤지컬의 최고가는 10만원을 훌쩍 넘겼다. 이런 가격대는 2010년대 중반까지도 유효하다. 팬들 사이엔 "뮤지컬을 보고 싶긴 한데 너무 비싸다"란 불만이 적지 않다. 심지어 "해외 오리지널 뮤지컬은 현지에서 싸게 볼 수 있었는데, 한국에 온 짝퉁 뮤지컬이 오히려 바가지를 씌운다"란 이야기도 등장한다. 과연 한국 뮤지컬이 외국보다 비쌀까.

세계 뮤지컬의 메카인 미국 뉴욕 브로드웨이를 살펴보자. 브로드웨이에서는 매주 박스 오피스를 발표한다. 어떤 작품에 몇 명의 관객이 들었으며, 그래서 매출은 얼마를 기록했고, 유료 점유율은 얼마인지 등의 구체적 수치가 나온다. 뉴욕 시민은 물론 관광객들도 이런 수치를 통해 최신 인기작을 무엇인지 알게 된다. 시장의 확대를 위해 정확한 통계는 가장 기초적인 사항이다.

판매량이나 관객수뿐만 아니라 브로드웨이 박스 오피스엔 작품별 평균 티켓값인 '객단가'도 노출된다. 이걸 보면 브로드웨이 뮤지컬이 보통 얼마에 판매되는지 알 수 있을 터. 다음은 2010년 8월 마지막 주 작품별 객단가다.

●● 2010년 브로드웨이 주요 뮤지컬 객단가

작품	객단가(달러)
라이온 킹	119.28
위키드	114.99
저지 보이스	104.59
빌리 엘리어트	95.16
맘마미아	87.71
메리 포핀스	82.03
오페라의 유령	78.06

이 순서대로 인기가 있다고 봐도 크게 무리는 없다. 객단가가 높다는 건 그만큼 많은 관객이 몰려 티켓값이 비싸졌다는 얘기니 말이다. 브로드웨이 2010년 '빅3'로 불리는 〈라이온 킹〉〈위키드〉〈저지 보이스〉의 객단가는 100달러가 넘었다. 반면 브로드웨이에서 26년째 공연 중인 〈오페라의 유령〉은 78달러였다. 한화로 계산하면 대략 9~14만원 정도다. 한국 대형 뮤지컬의 평균 객단가가 6만원 안팎인 것과 비교하면 한국보다 브로드웨이가 훨씬 비싸다는 것을 알 수 있다.

이유는 두 가지다. 우선 브로드웨이에서는 '프리미엄 티켓'이 있다. 유료 객석 점유율 98%가 넘는, 가장 잘 나가는 뮤지컬에 한해 발매되곤 한다. 50석 미만의 특정 좌석을 지정해놓고 본래 티켓보다 2배 이상 비싼 250~350달러에 내놓는다. 그래도 없어 못 산다고 한다. 〈라이온 킹〉〈위키드〉〈저지 보이스〉 등의 객단가가 높은 이유다.

또 다른 이유는 가장 좋은 좌석의 비율이 높기 때문이다. 한국에서는 VIP석이 전체 좌석의 20% 미만이다. 반면 브로드웨이에서는 한국의 최고 등급 좌석에 해당하는 '오케스트라석'이 전체의 70%나 된다. 좌석 등급을 잘게 쪼개 놓고선 '어디서 보는 게 가장 폼나는 걸까'라는 게 한국식 관람 문화라면 미국은 "빨리 예매해야 좋은 좌석에서 볼 수 있다"라는 예약 문화가 자리 잡혀 있다. 최고가 좌석의 비율이 높은 덕에 자연히 평균 좌석의 가격은 올라갈 수밖에 없다.

이러저러한 이유를 갖다 대도 브로드웨이 뮤지컬을 한편 보기 위해선, 꼭 좋은 자리가 아니라도, 적어도 100달러(약 11만원)는 들여야 한다는 결론이 나온다. 물론 "브로드웨이 뮤지컬 수준과 한국 수준을 동일선상에 놓을 수 있는가"란 반문이 있을 순 있다. 하지만 질적인 부문까지 비교하고 들어가면 문제가 꼬인다. 겉으로 드러난 가격만 놓고 보면 '한국 뮤지컬이 외국보다 비싸다'는 건 분명 오해다.

다른 측면이 있긴 하다. 일인당 국민 소득과 같은 경제적 수치 말이다. 2012년 국제통화기금IMF이 발표한 자료에 의하면 미국의 1인당 GDP(국내총생산)는 4만 9,601달러다. 한국의 1인당 GDP는 2만 3,679달러다. 양국의 소득 수준을 고려하면 한국은 미국의 절반에 못 미친다. 이런 비교에 의하면 티켓값 또한 미국의 절반 수준이어야 하는 게 맞지 않을까.

10만원대 뮤지컬값이 비싸게 체감되는 더욱 큰 이유는 국내에서 찾을 수 있다. 다음 표를 보시길. 2012년 한국의 대표적인 문화 콘텐츠나 여가 활동에 드는 비용이다.

문화 상품	가격
잠실야구장 내야석 관람료	9,000원~1만 5,000원
반고흐전(전시)	8,000원~1만 5,000원
멈추면 비로소 보이는 것들(도서)	1만 4,000원
영화 '레미제라블' OST(음반)	1만 5,300원

미국 메이저리그에서 한 경기를 관람하는 데엔 일반적으로 50달러(약 5만 8,000원) 가량이 든다. 이에 비하면 한국 프로야구 관람료는 4분의1 수준이다. 한국에서 인기 있다는 다른 대중적인 문화 콘텐츠를 살펴봐도 얼추 2만원을 넘지 못한다. 문화 콘텐츠에 지갑을 열 용의가 한국의 소비자에겐 별로 없다는 뜻이다.

손에 땀을 쥐게 할 만큼 박진감 넘치는 드라마를 거의 공짜로 매일 TV에서 볼 수 있는 게 대한민국이다. 궁금한 게 있다면 인터넷만 슬쩍 서핑해도 알짜배기 고급 정보를 돈 한 푼 들이지 않고 알 수 있는 게 또 대한민국이다. 이런 풍토에서 유독 뮤지컬 관람에만 10만원이 넘는 거금을 요구하니 '비싸다'란 인상을 강하게 가지게 되는 것이다. 소득 수준, 다른 문화 콘텐츠와의 가격 비교 등을 종합하면 한국 뮤지컬의 최고가는 5~7만원대가 적정하다는 게 전문가들의 진단이다.

06

취향이
계급이다

그럼에도 한국 뮤지컬이 10만원대의 가격을 유지할 수 있었던 건 시장 논리 이상의 무엇이 작용해 왔다고 볼 수 있다. 뮤지컬에 덧씌워진 '명품' 이미지가 가격 상승을 부채질했다. 뮤지컬이 명품의 반열에 오를 수 있었던 것은 위에서 언급했듯 2001년 〈오페라의 유령〉이 결정적이었다. 거기엔 2001년이란 시대적 배경과 〈오페라의 유령〉이란 작품의 아우라가 교묘하게 중첩됐다.

먼저 2001년을 보자. 당시의 부자는 그 이전과 조금 달랐다. 전문성과 문화적 소양을 두루 갖추었다고 해야 할까. 일각에서는 이들을 가리켜 부르주아 보헤미안Bourgeois Bohemian의 줄임말인 보보스Bobos족이라 불렀다. 보보스족의 전형적인 모습은 당시 정우성, 고소영이 출연해 선풍적인 인기를 모은 삼성카드 광고에 담겨 있다. "정장 슈트에 스니커즈를 신고 자전거를 탄다. 아내의 승진을 축하하기 위해 콘트라베이스 한 곡쯤은 너끈히 연주할 정도로 예술적 재능을 겸비해야 한다. 휴가철에는 부부가 지중해 푸른 바다에 떠 있는 크루즈 유람선에서 영화의 한 장면처럼 여가를 즐긴다."

2001년은 대한민국이 국제통화기금IMF에서 빌린 차관을 다 갚아 '경제외환 위기', 이른바 IMF사태에서 막 벗어난 직후였다. 평생 직장의 신화가 끊어진 분위기에서 구성원들은 철저히 개인주의화됐고, 부익부 빈익빈은 심화됐다. 요동치는 사회 분위기만큼이나 사회 상층부를 구성하고 있는 부유층의 행태 역시 과거와 궤를 달리했다. 그저 큰 집에 살고 있다거나 통장에 얼마 돈이 찍혀 있다는 식으로 자신의 부유함을 보이려 하지 않았다. 그건 천박하고 유치했다. 부유함의, 혹은 과시의 질적 변화라고 해야 할까. 바로 삼성 카드에 나오는 이들처럼 말이다. 먹는 음식으로, 입는 옷으로, 손에 든 핸드백으로 자신의 정체성을 간접적이지만 세련되게 노출시켰다. 프랑스의 세계적 사회학자인 피에르 부르디외Pierre Bourdieu가 언급한 '티내기Distinction'가 여실히 적용됐다고 볼 수 있다.

부르디외가 주장한 '티내기'란 라이프 스타일이나 취향을 통해 간접적으로 자신의 계급을 드러냄을 언급한 것이다. 2000년대 들어 한국 사회에 광풍처럼 몰아닥친 '명품 열기'가 가장 전형적인 예라 하겠다. 구두, 시계는 물론, 심지어 노래방까지 '럭셔리 노래방'이 탄생할 만큼 모든 소비 행위를 '명품'으로 해야 직성이 풀릴 것 같은 시점에, 절묘하게 〈오페라의 유령〉이 한국에 상륙한 것이다.

07

명품의
마지노선

문화는 흔히 고급문화와 대중문화로 분류되곤 한다. 단순하게 말하면 고급문화는 어렵다. 근본적인 부분을 건드리기 때문이다. '인간은 왜 존재하는가'와 같은 인문학적 질문을 던진다. 그래서 아무나 즐길 수 없고, 특정한 사람만이 향유하는 것으로 인식되곤 한다.

반면 대중문화는 쉽다. 익숙한 것, 반복적인 것, 뻔한 것이어야 한다. 드라마 〈아내의 유혹〉에서 어떤 새로운 감흥을 느낄 수 있겠는가. 출생의 비밀, 극단적인 복수 등 기존 막장 드라마의 문법을 그대로 답습한다. 재미와 즐거움도 있어야 한다. 꼭 똑똑하지 않아도, 특별한 학습이 없어도 즐길 수 있는 게 대중문화다.

이런 이분법으로 보자면 뮤지컬은 대중문화에 더 가깝다. 늘씬한 코러스들이 무대에 나와 다리를 쭉쭉 들어 올리는 장면에서 '여

뮤지컬 사회학

성 계급의 전복적인 자아실현' 등을 운운할 순 없지 않은가.

2001년, 뮤지컬은 그렇게 많이 알려진 장르가 아니었다. 그래도 뮤지컬이 대중문화 영역에 포함된다는 건 누구나 알고 있었다. 그러나 뮤지컬 〈오페라의 유령〉은 유독 특이했다. 우선 제목처럼 '오페라'를 부르는 장면이 작품 안에 적지 않았다. 그저 낄낄대며 까부는 기존 뮤지컬과 달리 클래식한 분위기를 물씬 풍기며 작품의 격이 높은 것처럼 보였다. 그렇다고 스토리가 머리를 싸맬 만큼 까다롭지도 않았고, 선율은 세련된 편이었다. 누구나 쉽게 이해할 수 있으면서도 가볍게 볼 순 없었다.

그런데 티켓값은 비쌌다. VIP석 15만원, R석 10만원. 콘텐츠는 쉽지만, 가격 측면에서 쉽사리 다가갈 수 없는 이중성을 담고 있는 게 〈오페라의 유령〉이었다. 안은 대중적이되 겉은 고급문화의 외피를 둘러싸고 있다는 건 기존 방식으론 설명이 안됐다. 새로운 문화 현상에 대한 가장 적합한 언어가 바로 '명품'이었다.

2001년 〈오페라의 유령〉이 아닌, 10만원이 훨씬 넘는 진짜 오페라가 공연됐어도 이만한 반향을 일으켰을까. 관객은 식상해 했을 것이다. 반대로 다른 뮤지컬 작품이 10만원 넘는 가격을 받았으면 "무슨 뮤지컬 따위가 이렇게 비싸"란 핀잔만 들었을 것이다. 〈오페라의 유령〉이었기에 이런 논란에서 유유히 빠져나올 수 있었다.

이처럼 2001년 〈오페라의 유령〉이 뮤지컬이란 장르로 본격적으로 한국땅에 상륙하면서, 또한 엄청난 성공을 거두고 이슈를 뿌리면서 '뮤지컬 = 명품'은 하나의 공식으로 대중에게 각인되고 말았다. 그건 고급문화와 대중문화의 영역에 적절히 걸치면서 양쪽의 유리한 측면을 교묘하게 빨아들일 수 있는, 한국에서만 누릴 수 있는 뮤지컬의 자기 색깔이었다. 물론 명품이란 이미지를 직접적으로 취득한 건 〈오페라의 유령〉이라는 단일 작품이었지만, 그 이전까지 뮤지컬 자체가 워낙 대중에게 노출된 측면이 약했기에 명품 이미지는 뮤지컬 장르 전체로 파급되는데 큰 무리가 없었다.

오랜 시간 장인의 손길이 배어있고, 브랜드에 대한 신뢰가 쌓여야 겨우 얻을 수 있는 명품 이미지를 넝쿨 채 들어온 호박처럼 거저 얻었다고 해야 할까. 그렇게 취득한 명품이란 포장을 누가 버리겠는가. 명품 이미지를 유지하기 위한 최소한의 방어 수단이 10만 원대 가격 유지였으며, 〈오페라의 유령〉이후 줄줄이 올라간 대형 뮤지컬들이 갑작스레 10만원 티켓값을 내놓은 것도 이런 흐름에서 벗어나서는 안 된다는 것을 본능적으로 알고 있었기 때문이다. 가격이 올라도 과시욕이나 허영심으로 인해 수요가 줄지 않는다는 '베블런 효과'을 최대한 활용하며 제작자들은 2001년 이후 뮤지컬 가격을 결코 10만원 미만으로 떨어뜨리지 않았다. 10만원 티켓값은 대중이 뮤지컬에 갖고 있는 명품 환상을 이어가게끔 만드는 뮤지컬의 마지막 자존심이었다.

뮤지컬 사회학

08

팬덤이
허영을 대체하다

    문제는 2010년대다. 지금도 뮤지컬이 명품일까. 내 생각은 회의적이다. 명품의 기본 조건은 '희소성'이다. 누구나 가질 수 있고 품을 수 있다면 어떤 이가 그 상품을 명품이라고 생각할까.

    2001년 〈오페라의 유령〉이 공연될 때만 해도 뮤지컬은 드물었다. 그 후 몇 년간의 상황도 크게 다르지 않았다. 하지만 시장이 커지고 작품수도 늘어나면서 뮤지컬의 희소성은 급격히 떨어졌다. 최근엔 한 해 신작 뮤지컬만 대략 150편이 나온다. 이렇게 많은 신작이 쏟아져 나오는 국가는 전 세계에서 대한민국이 유일하다. 현재 누가 뮤지컬 보러 간다고 할 때 "우와!"라며 부러움과 시기에 가득 찬 눈빛을 보낼 사람이 몇 명이나 될까.

    2009년부터 1년가량 서울에서 공연된 〈오페라의 유령〉이 2001년과 같은 폭발적인 반응을 얻지 못한 데엔 이런 사회적 분위기가 크게 작용했다는 게 내 판단이다. 제작사인 설앤컴퍼니는 '33만 최다 관객이 들었다' '270억원의 티켓 판매를 기록했다'며 떠들고 있지만 실상 수익은 전혀 내지 못했다. '공연 기간이 너무 길었다' '신종 플루, 천안함 등의 악재가 많았다'라며 이런저런 이유를 대도, 흥행 부진의 근본 원인은 〈오페라의 유령〉 관람이 더 이상 티낼 만한 일이 아니기 때문이다. 대구로 눈을 돌리면 이런 정황은 더욱 확실해진다. 서울 공연 뒤 3개월가량 진행된 대구 〈오페라의 유령〉 공연은 그야말로 대박이 터졌다. 아직까지 지방에서는 뮤지컬이 희소성이 있다는 증거이며, 〈오페라의 유령〉 관람으로 주변에 크게 티를 낼 수 있다는 얘기다.

여하튼 서울에서는 뮤지컬로 더 이상 티를 낼 수 없고, 부유층이 폼 잡기 위해 뮤지컬을 보러 다니지 않으며, 자연스레 '명품 마케팅'이 통하지 않는다는 것을 알 수 있다. 그렇다면 뮤지컬의 패러다임을 바꿔야 한다. 명품 이미지를 이용해 부유층을 상대로 할게 아니라, 중산층을 주요 관객으로 설정해야 한다. 즉 티켓값을 10만원 밑으로 내려야 한다는 얘기다.

여기서 문제가 꼬이게 된다. 가격이 낮아지기 위해선 제작비가 떨어져야 하는 법. 하지만 2001년 이후 지난 10년간 가파르게 상승곡선을 탄 제작비는 결코 내려올 기미를 보이지 않고 있다. 비용의 하방경직성 때문이다. 일단 올라간 배우 개런티며 조명, 음향 등의 렌탈 비용은 시장이 붕괴되지 않는 한 내려오지 않는다. 비싼 티켓

값으로 대중의 외면을 받으면서도, 제작비 부담으로 가격을 함부로 내릴 수도 없는 게 현재 한국 뮤지컬이 처한 냉혹한 현실이다.

　명품 이미지는 희석되고 가격을 낮출 수 없는 데서 생기는 딜레마를 타개할 방안은 무엇일까. 그게 바로 스타 캐스팅이라는 게 내 판단이다. 일반적인 문화 소비엔 지극히 깐깐한 데 반해 자기가 사랑하는 스타가 나올 경우에 거침없이 주머니를 여는 게 한국 대중이다. 손에 잡히는 확실한 대상이 있기 때문이다. 2010년 김준수의 〈모차르트!〉 출연은 스타를 중심으로 한 뮤지컬 관람의 일대 전환기라고 볼 수 있다. '허영 프리미엄'은 사라졌지만 제작자들이 10만원의 고가를 유지할 수 있었던 비결은 다름 아닌 '팬덤'이었다.

2장

한국 뮤지컬엔
왜
킬러 콘텐츠가
없을까

뮤지컬의 구조론

아날로그 장르의
반란

〈웨스트 사이드 스토리〉〈사운드 오브 뮤직〉〈지붕 위의 바이올린〉의 공통점은? 세계적으로 빅 히트한 영화? 틀린 답은 아니다. 하지만 조금 더 정확히 답하면 다음과 같다. '뮤지컬로 대박을 친 뒤 영화로 만들어져 영화까지 성공한 콘텐츠.'

그땐 그랬다. 지금이야 영화가 히트하고 나서야 그걸 따라 뮤지컬이 제작되곤 하지만, 과거엔 영화보다 뮤지컬이 대세였다. 2차 세계대전이 끝날 무렵부터 1960년대 중반까지 20여년간이다. 이 시기 미국 브로드웨이 뮤지컬은 가히 엔터테인먼트의 왕이었다. 가장 잘 팔리는 앨범도 뮤지컬이었고, 최고의 인기를 누리는 배우도 뮤지컬 배우였다. 뮤지컬 영화에 출연하지 않은 할리우드 스타는 거의 없었으며, 모든 영화에 노래 한두 곡은 꼭 들어가, 오히려 노래가 없으면 영화가 잘못된 것 같은 착각마저 들었다. 그야말로 뮤지컬 황금기였다.

하지만 뮤지컬은 60년대 중반에 접어들며 서서히 쇠퇴의 길로 들어섰다. 20대는 엘비스 프레슬리의 현란한 발놀림에 몸을 맡겼고, 10대는 대서양을 건너온 비틀즈가 밟고 지나간 자리의 풀을 붙잡고서 울음까지 터뜨렸다. 감각적인 볼거리를 제공하는 영화와 TV는 대중의 기호를 바꾸어 갔다. 어느새 뮤지컬은 머리 희끗한 꼰대들이나 보는, '철 지난' 장르처럼 여겨졌다. 폭발성이 강한 록 음악이 대중문화의 새로운 권좌를 차지한 것이나, 전파력과 친밀도에서 한참 우위에 있는 영상 매체가 무대 예술을 대체하는 건 어쩌면 20세기 자연스런 문화 권력 이동이었는지 모른다. 훗날 앤드류 로이드 웨버라는 천재 작곡가가 나오고, 카메론 매킨토시에 의해 글로벌 뮤지컬 시대를 맞이했음에도 불구하고, 뮤지컬이 다시 한 번 최고의 인기 장르로 등극하진 못했다.

그런데 대한민국은 어떤가. 최근 주춤했다고 하지만 2001년을 시발점으로 한국의 뮤지컬 시장은 해마다 10% 이상의 성장세를 보여 왔다. 디지털 시대를 맞아 쇠락기를 맞이해야 할 무대 예술 분야에서 유독 뮤지컬만 강세를 보이는 것도 특이한 현상이 아닐 수 없다. 영미권 뮤지컬은 물론이요, 프랑스 체코 오스트리아 스위스 등의 뮤지컬까지 한국에 소개됐다. 해외 뮤지컬을 수입함에 그치지 않고 1년에 50편 이상의 신작을 내놓을 만큼, 창작 작업도 활발한 편이다.

이렇게 인기를 끌고 있지만 딱히 인상적인 한국 뮤지컬이 무엇인가 따지고 보면 마땅한 게 떠오르지 않는다. 〈명성황후〉? 훌륭하긴 하지만 이미 한풀 꺾이지 않았나. 〈김종욱 찾기〉? 너무 작지 않던가.

왜 뮤지컬은 인기 있지만 한국 뮤지컬은 유명하지 않은 걸까. 대박을 터트리는 물건이 왜 나오지 않는 걸까?

킬러 콘텐츠
탄생 과정

시계를 30여 년 전으로 돌려보자. 1970~80년대 한국인들은 팝송을 많이 들었다. 레드 제플린을 듣고, 아바에 취했고, 마이클 잭슨을 따라했다. 2004년에 나온 유하 감독의 영화 〈말죽거리 잔혹사〉에 보면 이런 장면이 나온다.

> 권상우: (한가인을 향해) 이어폰 끼고 있던데, 라디오 듣는 거 좋아하나 봐요?
> 한가인: 아 예. 팝송 프로 듣는 거 좋아해요.
> 이정진: 팝송? 수준 있네.

영화는 1978년을 배경으로 한다. 당시는 그랬다. 팝송을 듣는 건 수준 있는 문화 행위였고, 가요를 듣는 건 수준 없다고 단정지을 수는 없어도 자신있게 수준 있다고 말하기는 조금 찜찜했다. 그만큼 한국 가요와 영미권 음악간의 완성도 차이라는 게 있었다. 수준차 만큼 음반 판매량, 라디오 방송 횟수 등에서 팝음악은 가요를 월등히 앞섰다.

균열은 1980년 〈창밖의 여자〉를 들고 나온 조용필이었다. 조용필은 당시 한국 가요 음반으론 사상 처음 100만장을 돌파했다. 조용필은 80년대 내내 한국 대중음악의 키워드였지만 혼자서 팝음악 전체를 상대하기란 버거웠다.

결정타는 1992년 데뷔한 서태지와 아이들이었다. 170만장을 팔아치운 〈난 알아요〉는 역대 데뷔 앨범 최고 판매량이었다. 2집 〈하여가〉는 최초의 더블 밀리언셀러(200만장 돌파)를 기록했다. 랩의 한국화, 댄스 음악의 돌풍, 뮤직 비디오의 정착 등 음악적인 성과 이외에도 사회비판적 가사, 10대 청소년의 절대적 지지, 신비주의 전략, 다양한 패션 아이템 등 사회 패션 교육 경영 등 전 분야에 걸쳐 서태지는 엄청난 파급 효과를 끼쳤다. 10대가 대중문화의 중심 소비층으로 급부상한 것도 이때부터였고, 무엇보다 가요가 팝음악을 제치고 대세로 자리를 잡기 시작한 것도 서태지의 등장 이후였다. 가요계 킬러 콘텐츠killer contents의 탄생이었다.

이는 영화도 마찬가지다. 7,80년대 한국의 대중은 외국 영화를 더 많이 봤다. 〈인디아나 존스〉는 박진감이 넘쳤고, 〈람보〉의 통쾌한 액션에 박수를 보냈다. 홍콩 영화도 득세했다. 성룡 주윤발 왕

조현 장국영 등이 최고 스타로 각광받았다. 비록 이장호 배창호라는 감독이 있었지만, 그 당시 한국 영화는 〈애마부인〉으로 대표되는 '에로티시즘'이 주류였고, 완성도도 떨어졌다.

한국 영화의 터닝 포인트는 99년 〈쉬리〉였다. 순 제작비 24억원. 지금으로 치면 소규모에 불과하지만 당시로선 기념비적인 액수였다. 헐리우드 못지않은 다이내믹한 총격신 등은 한국형 블록버스터의 탄생이었다. 전국 관객 620만명은 〈타이타닉〉(440만명)을 가뿐히 뛰어넘는 기록으로 역대 최고 흥행작이라는 타이틀을 선사했다. 〈쉬리〉는 '큰 돈 들여 만들어도 남길 수 있다'란 확신을 주기에 부족함이 없었고, 한국 영화의 제작방식과 규모는 완벽히 달라졌다. 이후 국면은 익히 알려진 대로다. 한국 영화의 르네상스였다. 지금 전 세계적으로 헐리우드 영화보다 자국 영화의 점유율이 높은 몇 안 되는 국가 중 하나가 대한민국이다.

이런 궤적은 TV 드라마도 비슷하다. 7,80년대 한국인들은 미국 외화 시리즈를 좋아했다. 〈6백만불의 사나이〉〈소머즈〉〈원더우먼〉 등이 안방극장을 점령했고, 〈V〉〈맥가이버〉도 인기였다. 안방 건넌방을 오가는, 한국의 일일 연속극은 1주일을 안 봐도 스토리를 따라가는데 전혀 문제가 없었다.

한국 드라마에 대한 고정관념을 깨준 건 1991년 〈여명의 눈동자〉였다. 2년간의 기획, 36부 시리즈, 필리핀 중국 현지 로케이션, 회당 2억원의 제작비 등 기간 물량 규모 등에서 과거와 차원이 달랐다. 한국 드라마의 다양성과 질적 성장의 출발점에 〈여명의 눈동자〉가 또렷이 위치해 있었다.

중간 지대에
가로막히다

새삼스레 한국 가요 영화 드라마의 과거사過去史를 들춘 건 각 장르가 어떻게 발전해 왔는가를 보여주기 위함이다. 똑같은 패턴이었다. 7,80년대에는 외국, 특히 미국에 비해 한국의 콘텐츠는 경쟁력이 떨어졌다. 소비자 역시 미국 대중문화를 소비했다. 하지만 한국인은 그것만으론 만족하진 못한 듯하다. 그건 애국주의나 민족주의와는 다른 차원이다. 알아듣기 힘든 팝송이 아닌, 흥얼흥얼 쉽게 따라 부를 수 있는 우리 노래를 원했다. 스펙터클함은 조금 떨어져도 누구나 공감할 수 있는 우리 이야기의 영화나 드라마를 보고 싶어 했다. 이런 대중의 욕구에 부응해 적절한 시기에 킬러 콘텐츠가 터져 나왔다. 가요의 서태지, 영화의 〈쉬리〉, 드라마의 〈여명의 눈동자〉가 그들이다. 킬러 콘텐츠의 탄생 이후 각 장르의 지형도는 바뀌기 시작했다. 대박 신화는 자본 유입을 용이하게 했고,

우수 인재가 들어왔으며, 한국 콘텐츠를 향한 대중의 시선이 달라졌고, 이에 따라 또 다른 히트 상품이 이어지는 선순환 구조를 만들었다. 전세는 역전됐고, 주도권 역시 외국이 아닌 우리가 갖게 됐다. 20세기 후반 한국 대중문화가 성장해 온 공통적인 과정이었다.

그렇다면 뮤지컬은 어떤가. 21세기 어떤 장르보다 시장 규모가 가장 빠르게 확대된다고들 한다. 그렇다면 한국 뮤지컬에도 이미 킬러 콘텐츠가 나왔어야, 아니면 이쯤에서는 나와야 하지 않을까. 그러나 눈을 씻고 봐도 대박이 제대로 터졌다는 뮤지컬은 보이지 않는다. 1995년 초연된 〈명성황후〉가 그중 가장 히트한 축에 속하지만, 〈명성황후〉 이후 한국 뮤지컬이 대세가 되진 못했다. 여전히 한국 시장을 주도하는 건 외국에서 물 건너온 뮤지컬들이다.

왜 그럴까. 다시 한 번 보자. 가요나 영화나 드라마는 간단한 구조다. 처음엔 외국 것이 잘 나갔는데 한국 콘텐츠가 이를 뒤쫓다 킬러 콘텐츠가 터진 뒤엔 판세가 뒤집어졌다. 세 장르 모두 '한국'과 '외국'이라는 양측으로 정확히 갈라져 있다.

뮤지컬은 다르다. 한국 뮤지컬과 외국 뮤지컬만 있는 게 아니다. 그 사이에 중간 지대가 있다. 이른바 '라이선스License 뮤지컬'이라 불리는 것들이다. 라이선스 뮤지컬이란 한국이냐, 외국이냐로 딱 가르기 모호하다. 뮤지컬이란 장르의 고유한 특성이자, 뮤지컬에서만 가능한 제작 형태다. 예를 들면 이런 식이다. 처음 만들기는 외국 사람이 했다. 그리고 외국에서 초연했다. 반응이 좋아 몇 년간 공연됐고, 검증이 되자 한국 제작자가 나타나 판권을 따냈다. 그리고 한국 무대에 올렸다. 대본은 똑같고, 음악도 똑같고, 등장인물도 똑같다. 대신 한국말로 해야 하므로 번역이 필요했고, 무엇보다 출연진이 한국 배우다. 이게 라이선스 뮤지컬이다. 한국에서 공연된 〈오페라의 유령〉이, 〈맘마미아〉가, 〈지킬 앤 하이드〉가 다 이렇게 제작됐다.

뮤지컬에만 유독 '장작 뮤지컬'이란 말이 자주 쓰인다. 조금 어색하지 않은가. 예술이란 영역을 논하면서 어떻게 창작이란 단어가 강조되는지. 예술이란 새로운 것을 만들기에 사실 다 창작이라야 정상이다. 그런데 뮤지컬에 창작이란 말을 앞에다 쓰는 건, 창작이 아닌 경우가 그만큼 많다는 반증이다. 영화에서는 창작 영화란 말을 쓰지 않는다. 그건 영화를 만든다는 행위가 다 창작이기 때문이다. 한국 사람이 만들든, 외국 사람이 만들든, 아니면 한국 사람과 외국 사람이 합쳐 만들든 다 새로운 무언가를 만들기에 창작이다. 리메이크나 표절 시비와는 다른 문제다. 드라마나 대중음악도 마찬가지다.

하지만 뮤지컬은 그렇지 않다. 한국인이 만든 건 창작 뮤지컬, 외국인이 만든 건 외국 뮤지컬, 외국인이 만든 뒤 한국인이 따라하는 건 라이선스 뮤지컬, 이렇게 세 부분으로 나뉜다. 물론 한국인이 만든 걸 외국인이 따라 해도 라이선스 뮤지컬이긴 하지만 그런 경우는 지금껏 손에 꼽을 정도다. 라이선스 뮤지컬 중엔 외국 것을 하나도 고치지 못하고 100% 그대로 해야 하는 경우가 있고, 나름 운용의 묘를 살려 대폭적인 변화를 해도 되는 경우가 있지만, 그 어느 경우에도 정도의 차가 있을 뿐 외국 창작물에 기반을 둔다는 건 똑같다. 이 얘기가 라이선스 뮤지컬이 무의미하다거나 수준이 떨어진다는 뜻은 아니니 오해하지 마시길. 다른 대중문화와 다른, 뮤지컬이라는 장르가 가지는 고유한 속성임을 말하려 할 뿐이다. 그리고 라이선스 뮤지컬은 한국만의 유별난 현상이 아니라, 전 세계적으로 흔히 제작되는 방식이다.

그럼 라이선스 뮤지컬이 한국 뮤지컬 시장에서 차지하는 비중은 얼마나 될까. 전체 시장 규모의 70%에 육박한다. 시장을 주도하며 대세를 이룬다는 의미다. 이 지점에서 바로 뮤지컬은 킬러 콘텐츠를 탄생시키기 어려운 구조적 원인을 갖게 된다. 다른 장르가 외국에서 한국으로 바로 주도권이 넘어온 데 비해, 뮤지컬은 타 장르엔 없는 새로운 제작 형태인 라이선스 뮤지컬이 중간에 떡 하니 위치해, 외국에서 바로 창작 뮤지컬로 넘어가지 못하고 있다. 창작 뮤지컬의 킬러 콘텐츠가 탄생하지 못하는 결정적 요소다.

04

대중이
원하지 않는다

라이선스 뮤지컬이 대세면 왜 대박이 날만한 창작 뮤지컬은 만들기 힘든 걸까. 여기에는 두 가지 이유가 있다.

첫 번째는 관객이 절실히 필요로 하지 않는다는 것이다.

물론 킬러 콘텐츠는 창작자의 고뇌에 찬 위대한 창조물이다. 〈쉬리〉는 강제규 감독의 뛰어난 역량이 있었기에 가능했다. 하지만 그에 앞서 대중이 그런 영화를 원했다는 점을 간과할 수 없다. 1990년대 들어 영화아카데미 출신의 감독들이 하나둘 배출되면서 한국 영화는 그 이전과 다른 때깔을 보이기 시작했고, 〈결혼이야기〉〈접속〉 등에서 보이듯 동시대의 언어를 담아내고 있었다. 한국 영화에 어느 정도 신뢰를 가지기 시작한 관객은 할리우드 블록버스터에 버금가는, 설사 그 정도의 규모는 아닐지라도 가능성을 담은 영화가 출연하면 열렬히 응원해줄 만반의 준비가 돼 있었다. 그

적절한 타이밍에 〈쉬리〉가 나온 것이다.

반면 뮤지컬은 상황이 다르다. 〈맘마미아〉를 예로 들어보자. 관객은 이 뮤지컬이 외국 것이라는 것을 안다. 그건 머리로다. 하지만 눈과 귀는 아니다. 눈에서는 박해미가 보이고, 전수경이 넘겨지며, 최정원이 열창한다. 귀로는 아바의 노랫말이 '나는 나, 너는 너'라며 선명하게 꽂힌다. 가끔씩 '댄싱 퀸'이라는 영어가 들리긴 하지만 그 정도를 못 알아들을 만큼 무식하진 않다. 정서상의 미묘한 차이가, 번역상의 약간의 어색함이 있긴 하지만 그래도 무대에 나와 있는 배우가 한국 사람이고, 그들이 말하고 노래하는 언어가 한국말인데 뭐가 그리 불편할까. 안을 들여다보고 들었던 정보로는 〈맘마미아〉가 외국 뮤지컬이라는 사실을 알지만, 직접적으로 대면하는 그림은 한국 뮤지컬로 받아들인다는 얘기다. 그러니 굳이, 꼭 한국 뮤지컬을 봐야할 절실함이 관객으로선 생길 리 만무하다.

두 번째 이유는 대중의 눈이 높다는 거다. 예를 들어 영화 〈아바타〉가 한미 합작으로 제작돼 이병헌이 출연하고 김태희가 여주인공을 하며 모든 출연자가 한국어로 더빙한다고 치자. 제임스 카메론 감독이 제작을 하고, 3D 화면은 할리우드 기술에 의해 만들어졌지만, 출연진과 언어로 인해 관객은 체감적으론 한국 영화로 받아들일 게다. 이토록 눈을 황홀하게 만든 영화를 본 뒤 어설픈 수준의 컴퓨터 그래픽이 나오는 한국 영화를 본다면 너그러운 마음을 갖게 될까. '어떻게 같은 한국 영화인데 이렇게 수준차가 나지'

할 게 뻔하다.

지금 뮤지컬 상황이 그렇다. 관객은 이미 〈오페라의 유령〉으로 보는 눈이 잔뜩 올라간다. 김소현(크리스틴)과 홍광호(팬텀)라는 한국 배우가 서 있는 와중에 거대한 샹제리제는 천장에서 내려와 쿵 떨어지고, 바닥에 숨어있는 촛불은 어느새 올라와 아득한 공간을 연출한다. '20세기의 모차르트' 앤드류 로이드 웨버가 작곡한 선율은 또 얼마나 비장한가. 이미 세계적으로도 잘 나간다고 검증된 무대를 본 관객이 아직 걸음마 단계에 불과한 한국 창작 뮤지컬을 본다면 어떨까. 비웃지 않을까. 이처럼 라이선스 뮤지컬은 논리상으론 '외국산'이라는 사실을 인지하게 하지만, 정서상으론 '한국 것'으로 수용하게 만드는 이중성을 갖고 있다. 최고 수준의 라이선스 뮤지컬에 눈과 귀가 길들여진 대중은 한국 뮤지컬 창작자들에겐 부담스런 존재임에 틀림없다.

05

창작도 없고,
비평도 없다

하나의 예술 장르가 온전히 자기 모습을 갖추기 위해선 네 가지 영역이 톱니바퀴처럼 잘 굴러가야 한다. 그 네 가지 영역이란 창작-제작-비평-학문이다.

영화를 예로 들면, 창작이란 이름 그대로 만드는 과정이다. 시나리오를 쓰고, 촬영을 하는 일 등이 속할 것이다. 제작이란 구체적 결과물이 나오는 제반 과정을 모두 포괄하지 않을까 싶다. 돈을 끌어 모으고, 적절한 배우를 캐스팅하고, 촬영할 만한 장소를 미리 알아보고, 상영할 극장을 잡는 일 등이다. 비평이란 꼭 평론가들의 전문적인 영역만을 말하는 게 아니라 그 예술품을 소비한 이들이 이를 어떻게 느꼈는가를 서로 소통해, 또 다른 예술 작품에 영향을 미치는 행위 정도로 정리하자. 학문이란 이런 모든 과정을 체계화시켜 후학들이 잘 배출될 수 있도록 하는 일일게다. 이 네 가지 영역이 일정정도 수준 이상으로 잘 돌아가는 장르가 영화일 듯싶다. 그러니 한국 영화가 경쟁력을 갖게 되는 거고.

그렇다면 한국 뮤지컬은 어떨까. 라이선스 뮤지컬이 대세이다 보니 제작 위주다. 아니 더 적나라하게 얘기하면 제작밖에 없다.

외국 나가 판권 따내는 건 선수다. 해외에서 올라간 뮤지컬을 이토록 빨리 수입해 들여오는 나라는 대한민국이 단연 1등이다. 워낙 외국 뮤지컬을 많이 따라하다 보니 무대화 시키는 방법, 이를테면 무대 음향 조명 등 스태프들의 기술은 날로 발전하고 있고 무엇보다 배우들의 기량이 출중한 편이다. 마케팅 기법도 다양해지고, 티켓 운영 시스템도 체계가 잡혔다.

반면 창작은 엉망이다. 뮤지컬 창작의 첫 단계라는 극작 작사 작곡에서 눈에 띄는 인재는 좀체 발견하기 어렵다. 제작 위주로 시장이 굴러가는 통에 창작에 대한 강한 필요성이 제작자도, 투자자도, 극장도, 관객도 딱히 많지 않은 것이다. 무대화를 시키는 노하우는 제법 틀을 갖췄지만, 무대화에 가장 근간을 이루는 '원천 기술'은 거의 없다고 보면 된다.

창작의 영역 구분도 제대로 돼 있지 않다. 뮤지컬 창작이란 우선 극작가가 대본을 완성하면 그중 가장 강렬한 부분을 작사가가 노랫말로 바꾸고, 여기에 음악을 입히는 게 일반적인 과정이다. 세 영역 모두 고유한 특성이 있다는 얘기다. 하지만 국내 창작 뮤지컬은 '말'이라는 이유로 극본과 작사를 한 사람에게 맡기곤 한다. 극본, 작사가가 연출까지 맡기도 하며, 작곡가가 음악 감독을 하는 경우도 적지 않다. 점점 전문화 세분화 되고 있는 현대 뮤지컬의 흐름과는 분명 거리가 있는 실정이다.

비평 역시 허접스럽다. 국내 뮤지컬 평론가는 다섯 손가락을 넘지 않는다. 물론 뮤지컬 평론은 근본적으로 영화에 비해 한계가 있다. 영화야 극장에서 혹시 놓쳤으면 비디오로 봐도 되고, 심도 있게 분석하고 싶으면 다시 또 보면 된다. 아직 한국에 안 들어온 외국 영화라도 필름을 빌려오면 된다. 뮤지컬은 그게 안 된다. 요즘 화제가 되고 있다는 신작을 보려면 뉴욕이나 런던으로 직접 날아가는 수고를 아끼지 말아야 한다. 반복해 보는 것도 사실상 불가능해 달랑 한번 본 기억을 더듬곤 한다. 미학적 접근이라는 심도 있는 분석은커녕 "봤냐, 안 봤냐"가 우선시되곤 한다.

창작이 없고, 제대로 된 비평 문화도 자리 잡지 못한 게 한국 뮤지컬이다. 이런 현실에서 학문이라니, 언감생심 아닐까. 그런데 뮤지컬학과는 적지 않다. 최근 '뮤지컬붐'을 타고 여러 대학에서 신설돼 현재 뮤지컬과가 있는 대학은 무려 20곳에 이른다. 하지만 뮤지컬에 대한 체계적인 교육 과정이라고 보긴 사실 힘들다. 뮤지컬 배우를 양성하기 위한 과정이 주를 이룬다. 교수진도 대부분 배우 출신이며, 커리큘럼 역시 보컬 트레이닝이나 연기 학습에만 치중한다. 뮤지컬에 가장 근간을 이루는 작곡이나 극작 전공이 없으며, 뮤지컬 역사나 이론, 분석도 없다.

라이선스 뮤지컬 위주의 현실은 제작 능력은 급속도로 향상시켰지만, 창작-비평-학문 분야를 철저히 소외시키는 기형적 구조를 낳으며 한국 뮤지컬의 취약성을 그대로 노출시키고 있다.

06

제작자가
왕이다

TV 드라마는 '작가가 왕'이라고들 한다. 짧은 시간에 많은 분량을 찍는 게 한국 드라마의 현실이다. 화면에 미학적 요소를 가미시키기 어렵다. 치밀한 구성과 아기자기한 스토리가 시청률을 좌우하는 가장 큰 요소로 작용한다.

영화는 '감독 예술'로 분류된다. 그만큼 기획, 시나리오부터 촬영, 후반 작업 등 전 부분에 걸쳐 감독의 개입이 절대적이라는 얘기다.

그럼 뮤지컬은? 당연히 작곡가다. 뮤지컬(Musical)은 음악(Music)에 접미어가 붙은 말 아닌가. 음악이 절대적인 비중을 차지한다. 〈오페라의 유령〉이나 〈미스사이공〉을 얘기할 땐 우선적으로 작곡가 앤드루 로이드 웨버, 클로드 미셸 쉰버그를 언급하는 것도 그런 이유다. 그 다음이 극작가, 작사가가 거론 될 수 있고, 무대화 작업에 키를 쥐고 있는 연출가, 안무가가 등장하게 된다.

하지만 한국은 다르다. 이와 관련돼 2007년 흥미로운 조사가 있었다. 91명의 뮤지컬 관계자를 대상으로 '뮤지컬계 가장 영향력 있는 인물은 누구인가?'라는 설문을 실시했다. 영화쪽에서 많이 해왔던 '영화 파워맨 순위'의 뮤지컬판이었다. 결과는 다음과 같았다.

순위	인물
1	설도윤 설앤컴퍼니 대표
2	윤호진 에이콤 대표
3	박명성 신시뮤지컬컴퍼니 대표
4	조승우 배우
5	김병석 CJ엔터테인먼트 공연사업부장
6	김주성 CJ엔터테인먼트 대표
7	김의준 LG아트센터 대표 원종원 뮤지컬평론가
9	송승환 PMC 대표 신춘수 오디뮤지컬컴퍼니 대표

물론 이 결과에 많이들 고개를 갸웃해 했다. 설문에 응했던 사람들도 이런 주관적 질문에 응해 본 적이 없어 낯설었을 것이다. 하지만 '제작자가 영향력이 높다'는 데에는 이론의 여지가 없었다. 특히 상위 세 명의 영향력은 절대적으로 보였다. 셋 모두 제작자다. 1위를 차지한 설도윤 씨는 주지하다시피 2001년 〈오페라의 유령〉을 성공시키며 한국 뮤지컬 산업화를 선도한 인물이다. 윤호진 씨

는 톱10에 오른 인물 중 가장 창작쪽에 가깝다. 〈명성황후〉를 연출했기 때문이다. 하지만 그 역시 제작사 대표이며, 그런 점 때문에 영향력이 컸다. 박명성 씨 역시 〈맘마미아〉〈시카고〉 등을 제작했다. 톱10엔 이밖에도 두 명의 제작자가 더 있었다. 작곡가 연출가 극작가는 아무도 없었다.

2011년에도 비슷한 설문 조사를 실시했다. 결과는 이랬다.

순위	인물
1	조승우(배우)
2	김병석 CJ E&M 공연사업부문 대표
3	송승환
4	윤호진
5	설도윤
6	박명성
7	신춘수
8	김준수(배우)
9	김양선 인터파크INT E&T 대표
10	이지나(연출가)

4년 전과 가장 눈에 띄게 달라진 점은 조승우, 김준수 등이 등장한 거다. 스타의 파워다. 그래도 여전히 송승환, 윤호진, 설도윤, 박명성, 신춘수 등 제작자가 다수를 차지하고 있다는 건 변함없다.

김병석, 김양선 등도 투자, 티켓, 공연장의 대표 주자들로 이들 역시 큰 범주에선 제작자 영역에 포함될 수 있다. 제작자 중심의 뮤지컬 시장 환경은 더 확고해 졌다는 것을 입증하는 사례다.

07

다국적
뮤지컬 시대

아무리 뮤지컬의 장르적 속성에서 기인했다고 해도, 한국 뮤지컬의 창작 역량이 떨어진다는 건 엄연한 현실이다. 그렇다고 창작을 마냥 안할 수도 없는 노릇이다. 외국에서 무한정 작품을 수입해 올 수 있는 것도 아니요, 라이선스 뮤지컬을 올리면서 불거지는 문제 또한 적지 않기 때문이다.

영리한 제작자들은 눈을 해외로 돌렸다. 외국의 창작자에게 작품을 의뢰하기 시작한 것이다. 대표적인 예가 2007년 〈댄싱 섀도우〉였다. 신시컴퍼니가 제작한 이 작품은 고 차범석 선생이 쓴 희곡 〈산불〉을 토대로 7년여의 사전 제작 기간을 거쳤다. 창작진의 면면은 화려했다. 극본은 〈죽음과 소녀〉로 유명한 아르헨티나 출신의 극작가 아리엘 도르프만이 썼고, 음악은 알란 파슨스 프로젝트의 멤버였던 에릭 울프슨, 연출은 〈맘마미아!〉의 협력 연출가

폴 게링턴이었다. 안무 편곡 무대 의상 조명 디자이너도 모두 외국인이었다. 흥행 결과는? 참패였다. 50여억원의 제작비를 들였으나 티켓 판매량은 그 절반에 불과했다. 국적 불명의 애매한 정체성, 환경 뮤지컬로 오인되는 듯한 분위기 등이 원인으로 지목됐지만 궁극적으로 해외 창작자간의 소통 부족이 문제였다. 물리적 거리나 정서상의 차이, 혹은 세계관 작품관 등에서 큰 진폭을 가진 창작자들을 하나로 묶어 일관된 흐름을 만들어낸다는 건 간단한 문제가 아니었다. 같은 대한민국 안에서 작업하는 창작자끼리도 툭하면 머리끄덩이 잡고 싸우는 판국에 뿔뿔이 흩어진 외국의 창작자들은 오죽했을까. 개별적으론 아무리 뛰어난 예술가라도 뮤지컬은 결국 협업의 산물이라는 평범한 진실을 〈댄싱 섀도우〉는 새삼 일깨워주었다.

이후에도 해외 창작자와의 협업은 이어졌다. 모든 부분을 통째 맡기기보다 연출, 작곡 등 주요 뼈대만을 부분적으로 의뢰하는 방향으로 선회했다. 이 와중에 2009년 국내에서 올라간 〈드림걸즈〉는 새로운 제작 방식이었다. 사실 〈드림걸즈〉는 1981년 브로드웨이에서 초연됐다. 이후 비욘세 놀즈, 제니퍼 허드슨, 에디 머피 등이 주연한 영화가 2006년 메가 히트를 기록하자 뮤지컬 재공연의 가능성이 점쳐졌다. 이 틈을 공략한 게 오디뮤지컬컴퍼니의 신춘수 대표였다. 신 대표는 본래 〈드림걸즈〉의 라이선스만 따오려 했다. 하지만 미국 제작자가 제작비를 걱정하며 〈드림걸즈〉 브로드웨이 재공연에 머뭇거리자 "차라리 한국에서 올리자"는 깜짝 제안을 했다. 한미 합작 뮤지컬 탄생의 서막이었다. 한국의 공연장에서 한국 배우들이 출연하되, 기획과 자본은 한국측이 부담하고, 작곡 연출 무대 등 창작은 미국측이 책임지는 방식이었다. 결국 2009년 현란한 무대 매커니즘을 한국에서 마음껏 뽐낸 〈드림걸즈〉는 그해 11월 미국 뉴욕에 입성하는데도 성공해 한국 뮤지컬 제작에 새로운 한 페이지를 장식했다. 여기서 드는 궁금증 한 가지. 이렇게 만들어진 〈드림걸즈〉는 외국 뮤지컬일까, 한국 뮤지컬일까, 라이선스 뮤지컬일까? 〈드림걸즈〉 2009년 공연은 특정 국가를 중심으로 진행되던 제작 방식에서 벗어나, 국경을 초월한 제작 유통 등 뮤지컬의 글로벌화가 돛을 올렸음을 보여주었다.

08

소쩍새는
울까

이후에도 외국 창작진과의 협업은 계속된다. 작곡가 프랭크 와일드혼을 축으로 한 〈천국의 눈물〉이 2011년 공연됐다. 김준수가 출연했음에도 결과는 썩 좋지 못했다. 2012년 〈닥터 지바고〉의 연출을 맡은 데스 맥아너프(저지 보이스 연출가)처럼 해외 유명 연출가를 모셔다 작품을 올리는 경우도 빈번해졌다. 로버트 요한슨(햄릿, 엘리자벳, 레베카), 데이비드 스완(스팸어랏, 맨오브라만차)처럼 아예 한국 뮤지컬에 뿌리를 내리기 시작하는 외국 연출자도 하나 둘 생겨나는 추세다.

다시 얘기를 앞으로 돌려보자. 라이선스 뮤지컬 탓에 한국 창작 뮤지컬의 킬러 콘텐츠 탄생이 쉽지 않음을 위에서 언급했다. 또한 뮤지컬 글로벌화는 기존 '창작 뮤지컬 = 한국인에 의해 만들어진 뮤지컬'이란 의미도 퇴색했음을 지적했다. 그렇다면 한국 창작자에 의해 대박 뮤지컬이 빚어질 가능성은 없을까.

반론도 제기된다. 첫째 더 이상 수입해 올 외국 뮤지컬이 별로 없다는 지적이다. 2001년 이후 짧은 기간 폭발적으로 늘어나는 수요만큼 공급량 역시 과했다. 〈레미제라블〉이 2013년 서울 무대를 가짐으로써 〈오페라의 유령〉 〈캣츠〉 〈미스사이공〉 등 이른바 세계 4대 뮤지컬의 한국 라이선스 공연이 다 성사됐다. 1990년대 빅히트작 〈맘마미아〉 〈라이온 킹〉이 소개됐고, 2000년대 들며 시장을 선도하고 있는 〈빌리 엘리어트〉 〈위키드〉도 소개됐다. 〈저지 보이즈〉 내한공연도 2014년 성사됐다. 아직 한국에 안 들어온 대작이라야 〈메리 포핀스〉 정도다. 물론 〈원스〉처럼 브로드웨이나 웨스트엔드에서 올라간 신작들이 거의 1, 2년 차이로 서울에 소개되는 경우도 있을 수 있지만 과거처럼 신작을 계속 소개하는 데 한계가 있을 수밖에 없다. 외부 수혈을 기대할 수 없다면 내부적으로 새 뮤지컬을 원하는 수요는 증가할 수밖에 없다.

두 번째는 수익 구조다. 이 부분이 가장 중요하다. 결국은 경제 원리가 시장 구조나 제작 환경의 변화를 추동하는 근본 원리이기 때문이다. 배우 몸값이 계속 오르고, 로열티가 여전히 높은 상태에서 아무리 흥행에 성공한다 해도 해외 라이선스 뮤지컬을 올리는 것으론 돈을 벌기에 벅찬 게 현실이다. 프랜차이즈 가게 내고 손님 끌어봤자 결국 본사가 돈 버는 것과 비슷하다고 해야 할까. 결국 빛 좋은 개살구로 전락할 가능성이 높은 얘기라는 거다. 이런 상황에서는 결국 원가를 낮추는, 창작을 할 수 밖에 없다. 이미 이 방향으로 눈을 돌린 제작사가 여럿이다. '대한민국 창작 뮤지컬을 선도하겠다'라는 거창한 명분이 아니라 돈을 벌수가 없기에 자연스레 균형추가 이동하는 거다.

셋째는 역설적으로 라이선스 뮤지컬의 한계다. 2% 부족한 부분이 있다. 탄탄한 스토리와 음악이라는 원천 기술을 토대로 그 위에 한국 배우가 서고, 한국어로 노래를 하고, 한국어 번역을 한다 해도 작품의 세밀한 디테일까지 공감을 하기란 사실상 어렵다. 〈드림걸즈〉를 보자. 이 작품의 기본 갈등 구조는 흑백대결이다. 거기서 비롯된 배신과 음모가 드라마를 이끈다. 그렇다면 한국 배우는 흑인이 돼야 한다. 검게 분장은 가능할 것이라. 하지만 작품 곳곳에 스며있는 흑인 감성과 동작을 노래로, 춤으로 표현하는 데엔 한계가 있다. 한국 관객 역시 흑백갈등을 표면적으로 이해할 수 있지만 마음 깊숙이 받아들일 순 없다. 기본적인 설정에서 한국인이 수용이기 어려운 복잡한 문제가 도사리고 있는 셈이다. 결국 제작사는 흑백 갈등은 쏙 뺀 채 비정한 연예 비즈니스에 초점을 맞추었지만 그건 앙꼬 빠진 찐빵이었다. 그토록 화려한 무대를 보여주고도 〈드림걸즈〉 한국 공연이 흥행에 실패한 데엔 넘을 수 없는 정서상의 차이가 있었다는 것이 내 판단이다. 큰 돈 들여 뮤지컬 보러 가는 관객으로서는 이젠 세밀한 디테일에 대한 기대치가 높아질 것이며, 이는 공감이란 테두리로 묶일 수 있는 한국 창작 뮤지컬의 도래를 재촉할 전망이다.

마지막은 한국인의 기질로 설명해야 할까. 꿈틀거리는 한국인의 끼를 누가 말릴까. 격동의 세월을 견뎌온 민족적 정서, 춤과 노래라면 사족을 못 쓰는 DNA는 드라마와 음악이 결합된 뮤지컬과 일맥상통하는 면이 있다. 이미 드라마 영화 가요 등에서 이 변방의 국가는 뛰어난 창작성으로 아시아 시장을 넘어 세계 시장까지 서서히 잠식해 나가고 있다. 그 흐름이 과연 뮤지컬이라고 비껴가랴. 라이선스 뮤지컬이라는 견고한 벽을 깨뜨리고 세계로 웅비할 대한민국 창작 뮤지컬의 탄생을 기대해 본다.

뮤지컬 사회학

3장

남자
주인공은
왜
4명이 할까

캐스팅의 함수

01

트리플?
아니 쿼드러플!

2008년 8월이었다. 숙명여대 안에 새로 생긴 숙명아트센터에서 뮤지컬 〈햄릿〉이 막을 올렸다. 〈햄릿〉은 체코 뮤지컬로 2007년 초연됐고, 반응이 좋아 이듬해부터 장기 공연에 돌입한 것이었다. 이게 뭐 대수겠냐마는 눈길을 끄는 게 있었다. 남자 주인공이 무려 4명이었다.

팝페라 가수로 '열린 음악회'에서도 즐겨 볼 수 있었던 임태경을 필두로, 영화와 뮤지컬을 오가며 다양한 재능을 과시하고 있던 박건형, 가수에서 막 뮤지컬 배우로 영역을 넓혀가고 있던 이지훈, 여기에 당시 '노트르 담 드 파리'로 이름을 알리기 시작한 신예 윤형렬까지. 화려한 캐스팅이었고, 4명의 출연진은 사상 초유였다.

이전까지 국내에서 공연되는 대형 뮤지컬의 주인공은 대개 두 명이 번갈아 가면서 하는, 더블 캐스팅이 일반적이었다. 대표적인 예를 들자면 2001년 〈오페라의 유령〉의 팬텀역은 윤영석 김장섭, 2004년 〈지킬 앤 하이드〉의 지킬, 하이드역은 조승우 류정한, 2005년 〈아이다〉의 아이다역은 옥주현 문혜영, 2006년 〈에비타〉의 에비타역은 김선영 배해선 등이었다.

사실 국내에 어느 정도 자리를 잡아가고 있던 더블 캐스팅에 대해서도 원천적으로 곱지 않게 보는 시각이 있긴 했다. 브로드웨이나 웨스트엔드에서는 '원 캐스팅'이 불문율이기 때문이었다. "하나의 배역에 가장 맞는 배우는 딱 한 명밖에 없다. 그 배우를 찾는게 진짜 캐스팅"이라는 얘기가 정설처럼 내려왔다. 한 명의 주인공이 꾸준히 공연을 해야 다른 배우와 호흡이 척척 맞고, 공연 완성도가 높아진다는 주장 또한 설득력이 강했다. 대신 주인공이 사고를 당하거나, 컨디션이 너무 좋지 않을 때를 대비해 언더스터디 understudy를 두는 게 외국에서는 일반적인 제작 방식이었다.

그래도 더블 캐스팅은 아직 배우들의 기량이 조금 기복이 있는 현실을 염두에 두었을 때, 혹은 장기 공연에 익숙하지 못해 컨디션 조절에 어려움이 있는 것을 고려해 볼 때, 한국에서는 나름 받아질 만 했다. 그런데 더블도 아니고, 트리플triple을 넘어 쿼드러플 quadruple 캐스팅이라니. 갑작스런 주인공 4명 캐스팅에 대해 당시엔 이런저런 비판의 목소리가 적지 않았다. 지나치게 배우에만 의존하는 제작 방식이 결국은 부메랑이 돼 돌아올 것이라는 우려도 있었다.

하지만 우려는 우려고, 비판은 비판이며, 현실은 또 굴러가게 마련이다. 뮤지컬 〈햄릿〉의 선택은 어쩌면 탁월(?)하고 시대를 앞서간 선견지명이었는지도 모른다. 이후 쿼드러플 캐스팅은 아니라도, 최소 3명의 남자 배우가 주인공을 맡는 건 당연스러운 일이 됐으니 말이다. 뮤지컬 〈햄릿〉이 단초가 된 건 틀림없어 보였다.

작품	기간	공연장	주인공	출연진
살인마 잭	2009년 11월~2010년 1월	유니버설 아트센터	다니엘	안재욱 엄기준 김무열 신성록
모차르트!	2010년 1월~2월	세종문화회관	모차르트	임태경 박건형 김준수 박은태
지킬 앤 하이드	2010년 11월~2011년 8월	샤롯데씨어터	지킬, 하이드	조승우 류정한 홍광호 김준현
삼총사	2010년 12월~2011년 1월	충무아트홀	달타냥	엄기준 규현 김무열 제이
모차르트!	2011년 5월~7월	성남아트센터	모차르트	임태경 박은태 김준수 전동석
잭더리퍼	2011년 7월~8월	충무아트홀	다니엘	안재욱 엄기준 성민 이지훈

자, 이 정도면 주인공을 여러명이 번갈아가면서 하는 게 얼마나 일반적인 현상이 됐는지 한눈에 들어오는가. 특히 〈캐치 미 이프 유 캔〉은 2012년엔 5명(엄기준, 김정훈, 박광현, 규현, Key)이 프랭크를 연기한 데 이어, 그해 연말에 올라간 앙코르 공연에서는 무려 6명(엄기준, 박광현, 규현, Key, 손동운, 김동준)이 번갈아 했으니 4명쯤 하는 게 뭐 대수랴.

어떤 뮤지컬이 올라간다고 했을 때, 무턱대고 티켓을 사는 어리석은 관객은 이제 대한민국에 없다고 봐도 좋다. '내가 좋아하는 배우가 언제 나오는지'를 가장 먼저 챙긴다. 똑같은 작품이 공연 중임에도 불구하고 하루는 빈자리가 없을 만큼 꽉꽉 들어차고, 그 다음날은 객석이 텅텅 비는 경우도 허다하다. 이런 풍경을 외국 사람은 과연 어떻게 볼까.

2010년 12월엔 이런 진풍경이 연출되기도 했다. 뮤지컬 '아이다' 재공연이 올라갔는데, 주연을 맡은 옥주현(아이다) 정선아(암네리스) 김우형(라다메스) 등이 혼자 3개월 이상의 공연을 소화한다고 해서 화제가 됐다. 이들은 "120여회의 장기 공연을 꼭 해내고 말겠다"라며 주먹을 불끈 쥔 잔뜩 결의에 찬 표정으로 제작 발표회장에 모습을 보였다. 외국에서는 당연한 '원 캐스팅'을 왜 한국에서는 독립운동을 하는 것처럼 투지를 불살라야 할까. 혼자 배역을 소화하는 건 그토록 어려운 일일까.

02
여자,
객석을 점령하다

주인공이 여러명인 작품엔 특징이 있다. 여자 주인공이 별로 없다는 거다. 지금껏 국내에서는 〈금발이 너무해〉와 〈서편제〉가 세명의 여배우가 주인공을 번갈아 했던 작품으로 손꼽힐 뿐이다. 따지고 보면 국내에 소개된 뮤지컬 중 여자 배우 혼자서 작품을 이끄는 경우는 생각보다 적다. 〈아이다〉〈에비타〉〈미스사이공〉 정도? 반면 남자 주인공이 섬광처럼 빛나는 작품은 부지기수다.

시상식에서도 그렇다. 영화, 드라마 시상식에서는 여우주연상 부문을 흔히들 '시상식의 꽃'이요, 하이라이트로 본다. 반면 뮤지컬 시상식에서는 가장 핫한 분야가 남우주연상이다. 후보 선정 때부터 쟁쟁하고, 배우들의 이름값도 높다. 여자 배우보단 남자 배우의 주가가 뮤지컬이란 장르에서는 상대적으로 높다는 뜻이다.

왜 그럴까. 여자 관객이 많기 때문이다. 이는 통계적으로 입증

뮤지컬 사회학

된다. 예매사이트 인터파크에 의하면 구매자의 남녀 성비율은 남 35%, 여 65%다. 여자가 월등히 많다.

하지만 이 통계는 구매자, 즉 표를 산 사람에 대한 거다. 남자는 티켓을 사서 누구랑 볼까. 여자 친구나 아내랑 보는 경우가 대부분이다. 남자가 표를 사서, 남자랑 같이 가는 경우는 극히 드물다. 여자는 반대다. 애인이 있는데, 남편이 있는데 자기가 사는 경우는 적다. 대개 여자가 표를 사면 동성인 여자 동창, 여자 직장 동료랑 같이 간다. 여자는 여자랑 같이 본다는 얘기다. 결국 구매자 통계와 달리, 실제 공연장의 남녀 비율은 2대8 정도로, 여성 관객이 압도적으로 많다고 보면 된다.

이 뿐인가. 한국 관객은 또 젊다. 브로드웨이나 웨스트엔드에서는 머리 희끗한 노년층이 객석을 대부분 채운다. 그래서 해외 제작자가 한국에 오면 "세상에, 이렇게 젊은 관객이 많은 나라는 처음 본다. 젊다는 건 시장이 확대될 여지가 많다는, 희망적인 신호"라고 말하곤 한다.

흥미로운 조사가 있다. CJ엔터테인먼트가 2009년 3월 뮤지컬 관객 7,360명을 대상으로 실시한 '뮤지컬 관람 행태' 조사다. 일종의 질적 설문인 셈이다. 이 결과를 보면 뮤지컬을 보는 목적과 만족도, 관람 전후 행동 등에서 남성과 여성이 얼마나 다른지 확연히 느낄 수 있다. 첫째 남자와 여자는 뮤지컬을 보는 이유가 달랐다. '문화생활을 즐기려고'(남자 33.1%, 여자 33.3%), '보고 싶은 뮤지컬이 있어서'(남자 32.1%, 여자 45.6%)까진 그럭저럭 비슷했다. 세 번째 대답에서 확 갈렸다. 남자들은 '데이트용'이 20.3%나 됐지만 데이트를 위해 뮤지컬을 본다는 여자들은 고작 2.1%에 불과했다. 오히려 여자들은 기분 전환(14.2%)에 큰 비중을 뒀다. 데이트에 방점을 둔 남자들의 관람 행동은 다른 문항에서도 두드러졌다. '뮤지컬을 보러 갈 때 누구랑 동행하는가'란 질문에 남자들은 '애인 혹은 배우자'(87.5% 중복 응답 허용)가 가장 높은 반면 여자들은 '친구 직장 동료'(93.1%)가 가장 많았다. 남자들은 데이트하기에 적합한 '주말 저녁 공연'(54.%)을 선호한 반면 여자들은 상대적으로 '평일 저녁 공연'을 좋아했다. 공연이 끝나고도 남자는 '그냥 집에 가기'(30.2%)보단 '술집에 간다'(66.8%)는 대답이 두 배 이상 높았다. 반면 여성 관객은 출연진이 누구냐에 민감했다. '뮤지컬을 보고 무엇에 만족하는가'라는 질문에 남자들은 '스토리의 재미'(51.1%)를 1순위로 꼽은 반면 여성들은 '배우들의 춤과 노래'(47.6%)를 가장 중요시했다. '뮤지컬 선택 기준'에서 여성들은 75.9%(중복 응답 허용)나 '출연 배우'를 꼽았다. 여성들은 실용적이었다. 극장 선택 시 남성들이 식당 등 인근 시설을 따지는 데 반해 여성들은 교통 편리성을 우선시했다. 식사도 보러 가기 전에 간단히 먹고 공연장으로 출발(18.4%)하는 비율이 높았고, 공연이 끝나면 그냥 집으로 가는 경우(45.5%)가 많았다.

남자		여자
데이트용	관람 목적	기분 전환
공연장 지명도	선택시 고려 요인	출연 배우
스토리의 재미	만족 기준	배우의 노래와 춤
애인 배우자	관람 동행인	친구 직장동료
주말 저녁	선호하는 시간	평일 저녁
관람 후 먹는다	저녁식사 방법	관람 전 먹는다
식당 술집 간다	관람 후 행태	집으로 간다

정리하면 이렇다. 대한민국에서 뮤지컬의 가장 주요 관객은 2,30대 싱글 여성이다. 그리고 그들은 어떤 배우가 출연하느냐에 촉각을 세운다. 뮤지컬에서 남자 배우가 중요할 수밖에 없는 이유다.

여자는 공감,
남자는 공격

여자가 남자에 비해 뮤지컬을 많이 간다는 거, 특별한 게 아니다. 대부분 다 아는 내용이다. 여기서 한발 더 들어가 보자. 왜 여자가 뮤지컬을 많이 보고, 푹 빠지는지 말이다.

뮤지컬뿐이랴. 다른 예술도 비슷하다. 여성은 남성보단 예술 향유를 더 많이 한다. 왜 그런지 정확히 설명하기 어려워도 경험상 그렇다. 남자가 모이면 당구를 치거나 포커를 치는 것에 반해, 여자들이 모이면 전날 본 TV 드라마 수다를 떠는 식으로 말이다. 재벌의 안방마님들이 갤러리를 운영하는 것도 쉽게 볼 수 있다. 재벌 2,3세 여성 경영자 역시 중공업이나 건설업보단 패션이나 디자인 등 예술과 관련된 사업에 손을 댄다. 예술은 어쩐지 남성보단 여성과 더 친화적이다. 왜 그럴까.

몇 가지 장면을 그려보자. 우선 강의실이다. 강의실에 남자들,

특히 중년의 남성이 대부분인 경우, 끔찍하다. 강사가 아무리 열심히 떠들어도 시큰둥하고 덤덤하다. 반응이 없다. 리액션이 없는 상태에서 떠드는 것만큼 고역이 어디 있으랴. 반면 여성들, 특히 아주머니가 많으면 그 강의실은 화기애애하고 들썩인다. 별 거 아닌 농담에도 "까르르−" 웃음소리가 끊이질 않는다. 분명 여성은 남성에 비해 공감 능력이 뛰어나다. 커뮤니케이션 능력이 뛰어나다는 증거이며, 그건 남성에 비해 언어 능력이 발달돼 있다는 증거로 종종 제시되곤 한다.

남자 아이가 사물을 좋아하고, 여자 아이가 사람을 좋아한다는 건 이미 여러 연구 논문에서 언급돼 왔고, 실험적으로도 증명됐다. 사회적으로나 교육에 의해 학습된 성(性)적 정체성이 아니라, 태어날 때부터 가지는 남녀 간의 차이라는 얘기다. 남자의 의식은 결과의 획득, 목표의 성취, 지위와 권력, 경쟁에서의 승리, 효율적인 이익 달성에 집중돼 있다. 반면 여자의 의식은 의사소통, 협조, 조화, 공감, 다른 사람과의 관계 등을 더 중시한다. 남자들이 승부를 따지는 스포츠에 열광하는 데 비해 여자들이 교감을 중시하는 음악회를 즐겨하는 건 익숙한 풍경이다. 무대 위에서 사람이 움직이고 노래하고 연기하는 뮤지컬을 남자보다 여자들이 즐겨하는 것도 이와 무관치 않아 보인다. 남자라면 "뮤지컬? 그거 어디에다 써 먹는데"란 반응이 먼저 나오지 않을까.

이와 관련돼 흥미로운 보도를 한번 살펴보자. 2011년 1월 15일자 중앙일보다. 미국에 살고 있는 이혜리Helie Lee 씨를 인터뷰했다. 그는 1990년대 후반부터 자신이 겪은 이산가족과 탈북자 문제를 논픽션 소설로 써 베스트셀러 작가에 오른 한국인이다. 그는 6개월간 여성이란 사실을 숨긴 채 완전히 남자로 변신해 살아보고, 이를 토대로 〈나 같은 남자Macho Like Me〉라는 1인극을 올렸다. 남자로 살면서 무엇을 느꼈냐는 질문에 대한 대답들이 재미있다.

"6개월이란 시간을 보내면서 남자로 산다는 것이 얼마나 힘들고 외롭고 괴로운 일인지를 더 뼈저리게 느끼게 됐습니다. 삶의 무거운 짐을 짊어지고, 언제나 강한 모습을 보여야 하며, 감정을 드러내는 것도, 가족이나 친구와 어울려 수다를 떠는 것도 사회적으로 허용되지 않은 남성들의 부담과 고립감, 그리고 이것을 이기기 위한 힘겨운 투쟁을 경험할 수 있었습니다."

"모두가 인상 깊은 경험들이었지만 가장 충격적이었던 에피소드를 고르자면 다른 남자들과 농구경기를 했을 때였습니다. 남성과 여성이 서로 얼마나 다른지 정말 뼈저리게 느꼈거든요. 절대 '미안하다'는 말을 할 줄 모르고, 팀플레이가 아니라 자신을 드러내기 위해 다른 사람과의 충돌도 마다 않고, 마찰이 있었는데도 악수 한번으로 그 자리에서 끝내 버리는 남자들의 모습이 충격적이었어요. 사실 사람들은 남자로 살았던 시간들이 흥미진진했을 거라고만 생각하는데, 저에겐 일종의 트라우마이기도 합니다."

하지만 이는 여자가 남자로 살기 때문에 나타난 '낯설기'일지도 모른다. 반대의 경우로 한 남자가 여자로 6개월을 살았다면 "여자로 사는 게 그냥 공주처럼 편한 게 아니야. 겉으론 화사하고 웃으며 대화하지만, 그 사람만 없으면 얼마나 씹어대든지. 어쩜 그렇게 순간순간 달라지는지 너무 정신이 없더라고"라며 호들갑을 떨지도 모를 일이다.

실험 통계도 나와 있다. 서울대 심리학과 곽금주 교수가 서울시 내 남녀 초등학생 300명을 대상으로 공감지수EQ: Empathy Quotient 와 체계화지수SQ: Systemizing Quotient를 조사했다. 공감지수는 여자 29.94, 남자 27.29로 여자가 훨씬 높았고, 체계화지수는 여자 18.92, 남자 22.10으로 남자가 월등히 높았다. 결국 공감 능력, 즉 내가 그 사람이 될 수 있는 능력이 여자가 남자에 비해 낮다는 것이며, 뛰어난 공감 능력은 여성으로 하여금 예술적 행위에 대한 감상과 몰입을 더 유효하게 만든다.

04

내러티브에 강한
여성

여성이 남성보다 예술 향유에 있어 강점을 보인다는 주장에 대해 조금 더 전문적으로 들어가 보자. 중앙대 예술문화연구원 김효 박사는 두 가지 문제 제기를 한다. 우선 예술 소비에서 여성이 남성보다 우월하다면, 과연 예술 생산에서도 남성보다 우월한지. 두 번째는 모든 장르를 가리지 않고 과연 여성이 남성보다 예술 향유에 더 적극적인지 하는 부분이다.

이 부분에 대해 김 박사는 2013년 11월 서울시립대 특강에서 이렇게 결론 내린다. "예술 생산은 오히려 여성보다 남성이 뛰어나며, 예술 향유에 있어서도 모든 장르에서 여성이 남성보다 몰입하는 건 아니다."

이런 논거의 출발점은 '예술의 기원은 기술'이기 때문이다. 희랍어로 기술을 뜻하는 Techne를 라틴어로 번역하면 Art다. 예술[Art]

과 기술Technic의 어원은 같다.

기술이 무엇인가. 물질을 변화시키는 숙련된 노동을 말한다. 그렇다면 숙련된, 고도의 뛰어난 노동을 하기 위해서는 어떠해야 할까. 반복적으로 해야 한다. 아무 생각 없이 특정 물질과 대면해야 한다. 목수는 나무와 직면해야 하고, 재단사는 섬유라는 재료를 탐구해야 하며, 화가는 붓과 염료를 다루는 데 능해야 한다. 단순히 잘 다루는 게 아니라 그 물질에 집중하는, 즉 자신을 내려놓고 그 물질과 직면해야 한다. 그래야 '장인'의 경지에 오르게 된다. 그건 공돌이라고 폄하되는 기술자나 아티스트라고 고상한 대우를 받는 예술가나 사실은 마찬가지다.

바로 이 지점, 자신을 내려놓고 물질과 직면하는 능력에서 남성이 여성보다 우월하다고 김 박사는 단언한다. 왜? 여성의 뛰어난 언어능력이 물질과 직면할 수 있지 못하게 만든다는 설명이다. 언어가 개입되면서 사물 그 자체를 있는 그대로 받아들이지 못하고 자신만의 해석이 가미된다는 거다. 일종의 걸림돌인 셈이다. 순수하게 물질을 바라보지 못한다는 것이다. 그래서 뛰어난 장인만큼, 위대한 예술가 역시 남성이 많다고 볼 수 있다. 따지고 보니 그렇다. 고흐 피카소 등 화가도, 베토벤 모차르트 등 작곡가도, 번스타인 카라얀 등 지휘자도, 위대한 예술가는 남성이 압도적이었다. 그게 단지 남성이 여성보다 사회적으로 높은 위치에 있어서가 아니라, 사물과 직면하는 능력에서 남성이 우월하기에 남성 예술가가 많이 배출됐다는 설명이다.

그럼 왜 생산에서는 이토록 뛰어난 남성이 소비와 향유에서는 여성보다 뒤지는 걸까. 김 박사의 설명은 '리얼리즘' 때문이란다. 19세기말 이후 예술 장르에서는 리얼리즘이 대세를 이뤘다. 현실을 얼마나 그럴듯하게 재연하느냐가 예술의 본령처럼 자리 잡게 되었다. 그렇게 현실을 반영하기 위해서 있을 법한 드라마, 즉 내러티브가 강세를 띠게 되면서 언어 능력이 뛰어난 여성이 이에 열광하게 됐다는 설명이다. 남성보다 뛰어난 여성의 언어 감각이 예술을 만들어낼 때는 걸림돌인 반면, 근대화 이후 리얼리즘이 예술의 대세가 되면서 예술 향유에 있어서 큰 무기로 작용했다는 이야기다. 김 박사는 "내러티브적이지 않은 록음악에 남성이 열광하고, 내러티브가 강한 TV드라마에 여성 시청자가 많은 것도 이런 이유"라고 분석한다.

05

판타지에
빠지는 여자

공감 능력과 언어 능력이 결국 뮤지컬 소비에 있어서 남성보다 여성이 몰입하게 만드는 요소임을 살펴보았다. 여기에 하나 더 근거를 대고 싶다. 바로 '판타지Fantasy'다. 즉 여자가 남자에 비해 판타지에 더 잘 빠진다는 얘기다.

판타지를 우리말로 하면 '환상'이다. 오해 없기를. 이 얘기가 남자는 이성적인데 반해 여성은 환상 속에서만 사는, 비이성적이라는 것을 말함은 아니다. 이성과 비이성이라는 이분법 이상으로 상상력과 연상력을 언급하기 위해서 판타지란 용어를 쓴다고 보는게 더 적합할 듯싶다.

여성에 비해 남성은 판타지에 썩 관심이 없다. 손에 안 잡히고, 실체가 모호하기 때문이다. 남자는 단순하며 직접적이다. 남자가 스포츠를 좋아하고 게임을 즐겨하는 것은 이기고 지는, 승부가 나는, 결과라는 구체성을 띠기 때문이다. 그 반대로 뜬구름 잡거나 애매모호한 것, 손에 잡히지 않으며 구체적이지 않은 것에는 별 관심이 없다. 남성이 예쁜 여성에 더 관심을 표하는 것 역시 외모가 눈에 들어오기 때문이다. 시각에만 민감하게 반응한다. 반면 여성은 남성의 외모를 신경 쓰면서도 그의 목소리, 향취 등 청각과 후각도 거의 비슷한 정도로 비중을 둔다. 남성에 비해 다양한 기재가 작동한다고 볼 수 있다.

섹스를 예로 들면 더 확실하다. 남성에게 섹스란 '성기의 삽입'이다. 그게 아니면 섹스라고 명명하는 건 불완전하다. 삽입을 하고 사정을 해야 완성된다. 키스와 애무는 준비 단계일 뿐이며, 그 자체로는 독립적이지 못하다. 남성은 구체적 행위와 확실한 결과물을 원한다.

반면 여자는 다르다. 삽입으로 오르가즘에 도달할 가능성이 당연히 높지만, 키스만으로 충족감을 느낄 수 있으며 애무만으로도 흥분한다. 그냥 포옹을 하는 것만으로도 만족감을 표하기도 한다. 삽입이나 사정이라는, 남성이 상정한 섹스 행위에 앞서 여성은 정서적 유대감을 훨씬 중요하게 여긴다. 달콤한 말, 부드러운 터치, 키스 등 각각의 단계가 코스 요리처럼 여자에겐 다 의미 있게 다가오고, 그 자체만으로도 흥분할 수 있다는 얘기다.

이는 쾌감을 느끼는 기재가 다르다는 뜻이다. 남자는 몸에 닿는 접촉이나 눈에 보이는 시각 등 1차원적인 자극에만 반응한다. 반면 여자는 직접적인 자극 이외에 말투, 눈빛, 냄새, 음색 등 2차원적인 자극에도 반응한다. 게다가 2차원적 요소들이 혼합돼 서로 시너지를 일으키는 연상 작용에도 충분히 빠져들어 간다. 즉 상상만으로도 흥분이 가능하다는 것이다. 이런 의미에서 '판타지'에 남성보다 여성이 더 민감할 수 있다는 얘기다.

그럼 뮤지컬은 어떠한가. 어떤 예술 장르보다 감각적 요소가 많은 장르 아닌가. 비록 뮤지컬을 보고 흥분을 느낄 수는 없을지라도 객석에 앉아 무대를 관람하며, 무대에서 보이는 여러 가지 것들을 떠올리고 상상하는 것만으로도 여성은 충분히 입가에 미소를 띨 수 있다. 반면 남자는 애매모호한 감흥을 붙잡느니, 자기 몸에 직접적 자극을 주는 술을 마시러 가는 편을 선호할 것이다.

그래서 인류가 생긴 이래 '딴따라 문화'(20세기 유식한 말로 하면 엔터테인먼트 산업이라 할 수 있겠다)란 '무대 위 남자 광대와 그를 추종하는 빠순이'들에 의해 형성되고 유지돼 왔다고 봐도 무방할 듯싶다. 그 둘의 상호작용이 없었으면 공연 예술이란 어쩌면 존재 자체가 불가능했을지 모른다.

06

제작자도,
배우도 좋다

이야기가 많이 엇나갔다. 뮤지컬을 왜 여자가 남자보다 좋아하는지, 아니 근본적으로 예술 행위에 대해 남성보다 여성이 왜 관심을 표명하는지 분석하다 보니 그렇게 됐다. 다시 원점으로 돌아가자. 뮤지컬의 주 소비층은 누구인가. 여성이다. 그것도 2,30대 미혼 여성이 충성 관객층이다. 이들은 배우가 누구인지를 중시한다. 남자 배우가 흥행에 중요 요소가 될 수밖에 없다.

그러면 왜 굳이 4명까지 캐스팅을 할까. 결론부터 말하자면 쿼드러플 캐스팅은 제작자와 배우의 절묘한 타협의 산물이다. 특히 배우를 가장 중시하는 한국적 관람 문화에서 제작자 입맛에 딱 맞는 포트폴리오다. 최상의 수익을 내기 위한 분산 투자라는 거다.

스타 캐스팅의 중요성은 새삼스러운 일이 아니다. 영화도, 드라마도 스타는 필요하다. 하지만 스타만으로 흥행이 보장되진 않는다. 2008년 노희경 씨가 쓴 〈그들이 사는 세상〉이란 드라마가 방송된 적이 있다. 당대 최고 인기 배우로 꼽히는 현빈, 송혜교가 출연했다. 하지만 시청률은 5% 미만이었다. 대충 계산해 현빈 골수팬이 10만, 송혜교 골수팬이 10만이라고 치자. 이들이 몽땅 본다고 해도 대한민국 5,000만 인구에서 현빈, 송혜교 팬이 차지하는 비율은 작을 수밖에 없다. 〈그들이 사는 세상〉은 완성도 있는 드라마였지만 대중의 취향과는 거리가 있었고, 특급 스타 출연에도 시청률은 바닥이었다. 그게 불특정 다수, 대중을 상대해야 하는 TV의 숙명이기도 하다.

반면 뮤지컬은 다르다. 대형 공연장에서 2개월가량 뮤지컬을 한다고 해도 전체 객석 규모는 10만석을 넘지 못한다. 골수팬 1만명을 동원할 수 있는 특급 스타를 기용하면 최소 1만석은 무조건 채우고 간다는 계산이 나온다. 여기에 팬 5,000명 동원 배우 한 명을 추가하고, 3,000명 동원 배우와 2,000명 동원 배우까지 더하면 수치상으로는 2만석은 일단 판다는 계산이 나온다. 게다가 이들 골수팬들이 혼자가 아닌, 두 장을 사면 4만장이 되고, 한 번 더 보러 온다는 것까지 염두에 두면 전석 매진의 신화도 수치상으로는 전혀 불가능한 게 아니다.

어차피 배우 출연료는 '회당 얼마'로 지급된다. 배우를 나누고 쪼갠다고 돈이 더 들어가는 것도 아니라는 얘기다. 그렇다면 가능한 배우를 나눌수록, 그 배우를 좋아하는 팬의 수는 늘어나기 마련이며, 관객수도 확보될 수 있다.

그럼 제작자만 좋을까. 아니다. 배우도 나쁘지 않다. 쿼드러플 캐스팅은 스타 캐스팅과 무관하지 않다. 그런데 이 스타분들, 바쁘다. 모든 활동 다 접고, 뮤지컬에만 올인 하기 쉽지 않은 형편이다. 영화를 찍을 수도 있고, 드라마를 할 수도 있으며, 음반을 낼 수도 있다. 그러려면 자신의 출연하는 뮤지컬에 대한 부담감이 상대적으로 적은 게 스타 개인으로서도 유리하다. 또 다른 한 가지는 대중 스타에게 뮤지컬은 차별적인 장르다. 방송 영화 가요 등은 불특정 다수인 대중을 대상으로 하는 탓에 인지도 면에서는 절대 소홀히 할 수 없지만, 지나친 대중 친숙도는 신비감이나 생명력이란 측면에서는 역효과를 발휘할 수도 있다. 이때 뮤지컬은 적절한 대안이다. 싸구려 '딴따라'가 아니라 예술을 하고 있다는, 긍정적 이미지를 심을 수 있는 기회를 제공한다. 무대에 대한 공포심을 약화시켜 연기의 깊이가 생길 수도 있다. 게다가 최근 뮤지컬 쪽의 스타 개런티는 따지고 보면 영화 방송과 비교해도 뒤떨어지지 않는다. 꿩 먹고 알 먹기다.

그런데 한 배역을 맡아 몽땅 자기가 책임지라고 하면 부담이 된다. 이름값은 높지만 무대를 몇 개월간 쉬지 않고 서 본 경험은 전혀 없다. 어떻게 자신을 관리해야 하는지, 컨디션은 어떻게 조절하는 게 좋고 목이 안 좋을 때는 어떻게 넘겨야 하는지 등 경험과 위기관리 능력도 별로 없다. 이럴 때는 책임을 최소화하는 게 상책이다. 출연하는 티만 내도 된다는 얘기다.

그래서 전체 분량에서 4분의 1만 스타가 출연한다. 주당 8회 공연이 보통인 터라 일주일에 두 번 무대에 오른다는 계산이다. 여기서 끝이 아니다. 나머지 4분의 3을 한 배우가 몽땅 출연하면 안 된다. 그건 너무 속보이는 짓이다. '스타 배우의 출연량은 거의 대역 배우 수준'이라는 식의 역풍을 맞을 지도 모른다. (실제로 몇몇 아이돌의 경우, 출연량이 적어 이와 같은 비난을 받기도 했다.) 또한 같이 캐스팅된 상대 배우가 출연량만큼 주도권을 너무 많이 갖게 될 수도 있다. 그렇다면 쪼개야 한다. 자신이 4분의 1만 맡은 것만큼, 나머지 4분의 3을 3명이 나누거나, 아니면 최소 2명이 하는 식으로 말이다. 더블 캐스팅, 즉 두 명이 번갈아 하면 라이벌처럼 보이지만 3명이나 4명이 되면 구도는 흩어지고, 자연스레 대중의 관심은 최고 스타에게만 쏠릴 수밖에 없다. 최근엔 뮤지컬 이외 분야에서 활동해 온 대중 스타 2명과 뮤지컬 전문 배우 2명이 함께 캐스팅되는 추세다.

결국 남자주인공을 4명이 번갈아 하는 이유는 스타 캐스팅에 목을 맬 수밖에 없는 제작자와 책임을 조금만 지려는 배우, 양쪽의 이해가 딱 떨어진 결과물인 셈이다.

07

확장성이
떨어진다

그러면 스타만 쓰면 무조건 흥행에 성공할까. 그럼 얼마나 좋으랴. 배우만 잘 섭외하면 돈을 벌 수 있으니. 하지만 세상 그리 호락호락 하지 않다. 스타 캐스팅은 흥행의 필요조건일 뿐, 충분조건은 결코 아니다.

뮤지컬 〈락 오브 에이지〉를 예로 들어보자. 2010년 초연 무대를 가졌다. 주인공 드류역에 안재욱, 샤이니 온유, 트랙스 제이가 캐스팅됐다. 지명도는 안재욱이 높았지만 당시 팬심을 크게 자극한 건 온유였다.

티켓 오픈일은 2010년 8월 5일. 당일 하루에만 무려 6,400여장이 팔려 나갔다. 판매액 5억원. 이 정도면 대박의 조짐이 충분히 보일 터. 하지만 이후 개막일까지 판매액은 그저 그랬다. 8월 6일부터 9월 15일까지 약 40일간 판매된 양은 1만여장, 액수는 6억

8,000만원에 이르렀다. 광팬이 첫날 몰렸다가 이후엔 시들해졌다는 증거다.

그렇다면 막상 공연이 올라간 이후엔 어땠을까. 공연은 9월 15일부터 10월 30일까지 한 달 보름간 우리금융아트홀에서 진행됐다. 그런데 공연도중 판매된 양은 8,000장에 못 미쳤다. 개막 이전 판매량보다 절반에 불과한 셈이다. 액수도 4억 7,000여만원이었다. 절대적인 판매량도 줄었지만, 양에 비례해 매출액은 더욱 적었다. 할인을 많이 했다는 증거다.

이상의 판매 추이를 보면 다음과 같은 과정을 밟았음을 추론할 수 있다.

1. 티켓 오픈과 동시에 온유 팬의 적극적인 구매가 촉발된다.
2. 이후 공연 개막 때까지 안재욱 팬을 중심으로 한 구매가 이어지나 처음과 같은 폭발세는 다소 약화된, 소강상태를 보인다.
3. 팬의 구매는 공연 개막 이전에 거의 끝난다. 개막 후엔 일반적인 뮤지컬팬이 와야 하건만, 이어지지 못한다.
4. 이를 타개하기 위해 공연 도중 대폭 할인에 의한 저가공세를 한다.

사실 1,2번까지는 대부분의 뮤지컬이 비슷한 흐름을 보인다. 즉 웬만큼 규모가 있고, 스타 캐스팅에 신경을 쓴 뮤지컬이라면 티켓 오픈 첫날 팬이 와락 모였다 급격히 판매량이 하락한 뒤 다시 안정화하는 추이를 보이곤 한다. 핵심은 3번 지점, 공연 개막 후다. 배우를 보러 온 팬덤이 아니라 작품에 대한 입소문에 의해 관객이 들어야 롱런할 수 있다는 얘기다. 어떤 공연을 하든 관계없이 그 배우를 보러 오는 골수팬은 정해져 있다. 그 틀을 넘기 위해선 팬이 아닌 보통의 뮤지컬을 좋아하는 마니아나 아예 뮤지컬을 잘 보지 않던 일반인에게까지 넘어가야 한다. 그 고비를 넘느냐 마느냐로 대개 흥행 여부가 갈린다. 〈락 오브 에이지〉는 그 경계에서 좌초한 경우다. 대다수 스타 캐스팅을 한 뮤지컬이 그러하듯 말이다.

결과적으로 남자 주인공을 3명을 하든, 4명을 쓰든 배우에 의존한 흥행은 분명 한계를 노정하고 있다고 볼 수 있다. 어찌 보면 '얼굴 예쁘면서 맘씨 고운 여자'를 찾으려는 남성의 욕심처럼 한국 관객은 '스타가 나오면서도 완성도도 있길 원하는' 까다로운 입맛을 갖고 있다. 다수의 유명한 남성 배우가 섭외된 것만으로 돈을 벌 수 있다고 제작자가 넋 놓고 있을 수 없는 현실이다.

08

다수 캐스팅,
한국화에 성공하다

스타가 여러 명 출연하면 팬을 분리시켜 흥행에 유리하다는 점은 위에서 언급했다. 대신 독이 있다. 그건 짜임새를 갖추는 데 힘들다는 점이다.

"연습 때 출연 배우가 다 모이는 경우 없다"고들 말한다. 과거에는 상상도 할 수 없는 풍경이다. 공연 연습이란 출연 배우가 다 나와 연습을 하다 새로운 동선을 짜기도 하고 극본도 수정되는, 현장에 의해 새롭게 가공되는 경우가 비일비재했다. 현재도 이런 방식이 통용되긴 하지만 과거처럼 배우를 몽땅 불러다 세울 순 없다. 왜? 다 안 모이기 때문이다. 주요 출연진 대다수가 스타인 터라 각자 스케줄이 있고, 따라서 꼭 필요한 때만 나온다. 자기 분량은 알아서 개인 연습 해 오고, 연습실에서는 상대 배우와 합만 맞추는 식이다.

그런데 상대 배우 또한 여럿이지 않던가. 때로는 한 번도 호흡을 안 맞춘 배우와 정식 공연에 올라가는 경우도 있다. 그러니 어찌 합이 척척 맞아 떨어지길 기대하랴. 해외 연출가, 음악감독이 한국에 들어와 배우를 이리저리 섞어가며 연습하는 모습에 기겁을 했다고 한다. 워낙 따로 놀다보니 해외 크리에이티브가 "내일 총연습 때 한 명이라도 빠지면 공연 안올리겠다. 다음엔 아예 공연 허가권 내주지 않겠다"라고 으름장을 놓는 경우까지 생겼다고 한다. 이런 풍토가 만연되다 보니 "정식 무대 올라가도 개막후 1,2주일은 사실 리허설이나 마찬가지다. 막판에 가야 제대로 완성된다"는 말까지 나돌 지경이었다. 다수 캐스팅의 치명적인 약점이다.

하지만 한국인이 어떤 사람들인가. 속전속결에 순발력, 적응력 있어서는 자타공인 세계 최고 아니던가. 어찌 보면 어설프고, 프로페셔널 하지 못하게 보이는 다수 캐스팅도 관례가 되다 보니 나름 노하우가 생기기 시작했다. 변화는 우선 관객에서 비롯됐다. '골라 보는 재미가 있다'는 거다. 2013년 초에 개막한 〈레베카〉를 예로 들자면, 류정한 팬이라면 당연히 류정한이 남주인공 막심으로 나오는 〈레베카〉를 본다. 또한 다른 캐스팅인 오만석, 유준상도 어찌 하는지 보게 된다. '정한 오빠보다 잘 하는지' 궁금하니깐 말이다. 거기다 상대 배우 누구와 호흡이 더 잘 맞는지 알고 싶어 김보경이 '나'로 나올 때와 임혜영이 '나'로 나올 때를 비교하게 되고, 여기다 옥주현의 댄버스 부인과 신영숙의 댄버스 부인까지 고려하게 되면

봐야 할 공연은 훨씬 늘어나게 된다. 이러다 보니 관객들 사이에서 "막심 A, 나 B, 댄버스 부인 C의 조합이 최고"라는 말이 나오는 것도 자연스런 풍경이 되고 말았다.

다수 캐스팅은 배우에게도 경쟁심을 유발시키는 촉진제로 작용하고 있다. 즉 상대 배우가 어떻게 하는지를 보고, 자신도 더욱 분발하게 된다는 거다. 공연은 연속된다. 변화무쌍하다. 처음엔 이렇게 해석했는데, 저 배우가 다른 방식으로 하는 것에 자극받아 자신도 더욱 몰입하게 되는 식이다. 〈레베카〉에서도 다른 배우가 출연하는 날, 집에서 쉬는 게 아니라 대부분 공연장에 나와 상대 배우 연기하는 걸 보는 게 일반화됐다고 한다. 이런 긴장감이 결국 프로덕션 전체에 흘러 공연 개막 후 끝날 때까지 정체되거나 흐트러지지 않고 계속 탄력을 주는 요소로 작용한다는 것이다. 마치 프로야구 구단에서 주전 경쟁을 펼치듯 말이다.

결국 뮤지컬 주연 배우 다수 캐스팅은 철저히 스타에 의해 작품을 택하는 한국적 관람 풍토에 의해 출발, 작품의 완성도를 훼손시키는 요소로 비판 받아왔다. 하지만 시간이 지나면서 관객에게는 다양한 선택의 폭을 제공하면서 동시에 출연진에겐 치열한 경쟁 구조를 불어넣어 프로덕션의 질을 높이는 긍정적 방향으로 선회하고 있다.

4장

〈라이온 킹〉은
왜
한국에서
망했을까

전용관의 역설

撮影：上原タカシ（C）Disney（촬영：우에하라타카시（C）Disney）

2006 한일(韓日) 뮤지컬 대전

2006년 10월 28일. 대한민국 뮤지컬사史에 한 페이지를 장식하는 날이었다. 이날 국내 최초의 뮤지컬 전용관인 '샤롯데씨어터'가 탄생했다. 샤롯데씨어터 개관작으로는 디즈니가 자랑하는 최고 인기 뮤지컬 〈라이온 킹〉이 올라갔다. 명성이나 시의성, 가족 관객을 타깃으로 하는 극장의 방향성, 작품 완성도 등을 종합해 볼 때 최상의 선택이었다. 문제는 작품이 아니었다. 〈라이온 킹〉은 한국 제작사가 만들지 않고, 디즈니로부터 아시아 판권을 따낸 일본 최대 극단 시키四季가 제작했다. 한국 땅에 첫 선을 뵈는 뮤지컬 전용관을 일본에게 내준 꼴이었다.

사실 시키의 한국 진출은 이전에도 있었다. 2004년에도 거의 성사 직전까지 왔지만 한국공연프로듀서협회의 거센 반발에 부딪혀 좌초하고 말았다. 당시 시키의 아사리 게이타 대표는 "문화 교류를 할 목적이었는데, 한국 프로듀서들이 반일 감정을 이용한다"며 오히려 화살을 한국 쪽으로 돌리기도 했다.

그렇게 한발 물러서는 모양새를 취했던 시키가 2년 만에 한국 최초의 뮤지컬 전용관에 입성하니, 이보다 더 화려한 컴백이 있으랴. 반면 한국 뮤지컬계는 벌집을 쑤셔 놓은 듯 시끄러웠다. 시키 진출이 가시권에 들어오자 서둘러 '한국뮤지컬협회'(초대 회장 윤호진)를 결성하며 제작자들은 연대의 끈을 맺었고, 그해 6월 시키가 기자회견을 열고 한국 진출을 공식화하자 사뭇 비장감까지 보이며 결사 항전의 태세로 임했다.

여기서 잠깐. 한국의 뮤지컬 제작자들은 왜 이토록 시키 진출에 민감했을까. 시키가 두렵기 때문이었다. 시키는 평범한 뮤지컬 제작사가 아니었다. 일본을 넘어 규모면에서는 브로드웨이와 겨뤄도 손색이 없었다. 1953년에 처음 설립된 극단 시키는 일본 전역에 걸쳐 전용극장을 9개나 소유하고 있었다. "하루도 쉬지 않고 일본 어디에선가는 시키 공연이 올라간다"란 말은 과장이 아니었다. 소속 배우 600명 등 직원은 1,000명이 넘었고, 한해 공연 횟수는 3,000회, 연매출액은 3,000억원에 육박했다. 한국 뮤지컬 시장 전체 규모보다 시키 매출액이 더 많았던 거다. 세계적인 '공연 재벌'이라 할 만한 극단이 한국에 들어오니, 아직 걸음마 단계에 있던 한국 뮤지컬계로서는 발톱을 잔뜩 세울 수밖에 없었다.

양상은 '시키 vs 한국뮤지컬협회'의 구도였다. 협회는 여론전에 주력했다. "일본 시키는 헤비급이다. 플라이급인 한국과 시키가 같은 링 위에서 싸우는 건 너무 불공평하다"는 논리를 폈고 "외제 BMW가 한국에 들어왔다고 치자. 기술력도 차이 나는데 영업소를 가장 목이 좋은 청담동에서, 그것도 한국 차는 못 팔게 하고 BMW만 영업하게끔 하는 건 외국 기업에 대한 지나친 특혜 아닌가. 시키가 샤롯데씨어터에서 공연하는 게 바로 그 꼴"이라고 목소리를 높였다.

강압적 방법도 등장했다. 극장을 내준 샤롯데씨어터를 향해 "롯데 상품 불매 운동을 벌이겠다"는 뜻을 내비쳤다. 집안 단속을 한다는 차원에서 "〈라이온 킹〉 오디션에 응하는 배우들과 작업에 참여하는 스태프는 향후 협회에 소속된 단체가 제작하는 작품에서 배제시키겠다"고 엄포를 놓기도 했다. 하지만 이 언급은 '개인의 작품 선택권을 무시한 권위주의적 발상'이라는 비판을 받으며 오히려 한국뮤지컬협회의 입지를 좁게 만드는 빌미를 제공하고 말았다. 또한 대다수 뮤지컬 팬들은 "시대가 어느 때인데 아직도 국수주의적 발상인가. 밥그릇 챙기기에 앞서 좋은 뮤지컬이나 만들어라"라며 다소 냉소적인 반응을 보이기도 했다.

2006년을 뜨겁게 달궜던 시키의 한국 진출. 한국 제작자들은 겉으론 반일 감정을 적당히 이용하며 시키를 공격했지만, 근본적으로는 샤롯데씨어터라는 전용관을 혹시 못 쓰게 되는 건 아닌지에 촉각을 곤두세우고 있었다.

뮤지컬이 산업화로 가기 위해서는 전용관이라는 인프라가 가장 중요하다는 걸 알고 있었기 때문이었다.

전용관이
뭐 길래

뮤지컬 전용관은 한마디로 뮤지컬만 하는 극장이라는 뜻이다. 2006년까지 서울의 메이저 공연장이라 불리던 예술의전당 세종문화회관 국립극장 LG아트센터 등은 모두 복합 공연장이었다. 발레도 할 수 있고, 오페라도 할 수 있으며, 때로는 연극도 올라가는 공연장이라는 얘기다. 뮤지컬만 주구장창 할 수도 없었고, 뮤지컬만 해서는 다른 장르 관계자들이 그걸 가만히 보고 있을 턱이 없었다. 반면 뮤지컬 전용관은 뮤지컬만 계속 올라갈 수 있으니 장기 공연이 가능했다.

뮤지컬 전용관의 또 다른 강점은 밀착성이다. 축구 전용구장을 떠올리면 이해하기 쉽다. 한국 선수들이 뛰어 이젠 우리에게도 친숙한 잉글랜드 프리미어리그EPL를 보면 관중석과 그라운드 사이에 틈이 거의 없다. 공이 옆줄 바깥으로 나가면 바로 관중석과 맞닥뜨리는 구조다. 헉헉거리는 선수들의 숨소리까지 바로 코앞에서 만끽할 수 있다. 전용관 역시 비슷하다. 객석과 무대가 바로 붙어 있어 관객의 몰입을 더욱 높여 준다. 좌우 끝 가장자리 좌석에서도 시선에 큰 장애 없이 볼 수 있다는 장점도 갖고 있다.

여기서 하나 의문점. 왜 뮤지컬이란 장르에서는 장기 공연이 그토록 중요할까. 왜 뮤지컬의 산업화를 위해선 전용관이 필수 요소일까.

제작 과정에 대한 이해가 필요하다. 영화와 비교해보자. 영화가 만들어지는 데는 일반적으로 세 가지 공정이 필요하다. 우선 프리–프로덕션Pre-Production이라 불리는 사전 제작 과정이다. 기획을 하고, 시나리오를 쓰고, 캐스팅을 하고, 투자를 받는 단계라 하겠다. 그 다음은 실제 제작 과정Production인 촬영 단계. 마지막은 포스트–프로덕션Post-Production이라 불리는 후반 작업으로 효과음 편집 등이 해당한다. 이렇게 완성된 필름은 전국의 극장에서 동시에 개봉된다. 길어야 3개월 안에 승부가 난다. 중요한 건 얼마나 많은 극장에서 상영되느냐다.

1990년대 초반만 해도 하나의 영화가 한 군데 극장에서만 상영되곤 했다. 서울 종로에 위치한 단성사 피카디리 서울 등이 대표적인 영화관이었다. 그래서 1993년 영화 〈서편제〉가 100만 관객을 돌파했을 때 '기적 같은 일'이라며 난리가 났던 거다. 하루에 최대 6회 상영을 한다고 해도, 기껏 1,000명 남짓 들어올 수 있는 극장에서 어떻게 100만명이란 사람을 끌어 모을 수 있단 말인가. 장장 6개월이 넘는 196일 상영 끝에 서울 관객 100만명을 넘어 설 수 있었다.

하지만 이런 상영 방식은 분명 영화 고유의 속성과는 거리가 멀다. 왜냐하면 영화는 필름이라, 복제가 가능하기에 복제된 필름을 전국에 뿌리면 (심지어 해외에서도) 동시에 여러 군데에서 틀 수 있기 때문이다. 요즘 좀 되는 영화다 싶으면 500개가 넘는 극장에서 한 꺼번에 상영되곤 한다. 멀티플렉스의 탄생은 영화가 산업의 하나로 자리 잡게 되는 필수적인 조건이었다.

반면 뮤지컬은 조금 다르다. 우선 프리-프로덕션 단계에서는 영화와 비슷하게 대본 쓰고, 작곡 하고, 극장 잡고, 캐스팅 한다. 포스트 프로덕션이라 지칭할 만한 단계 없이 그저 프로덕션 단계만 있다. 실제로 극장에서 공연하는 것을 말한다.

A라는 뮤지컬이 있다고 하자. 프리-프로덕션 단계에 꽤 공을 들였다. 5년여의 제작 기간이 들었고, 세트 제작에도 최신식 무대공법을 썼다. 그걸로 다가 아니다. 막상 공연이 시작되면 돈이 또 들어간다. 러닝 코스트Running Cost라 불리는 일종의 운영비. 극장 대관료나 배우 스태프 개런티가 해당한다.

A라는 뮤지컬은 사전 제작비로 50억을 썼고, 매달 운영비로 10억이 소요된다. 그런데 관객이 꽤 들었다. 한 달에 15억을 번다. 이런 관객 동원이 계속되면 언제쯤 손익 분기점을 맞게 될까. 10개월째다. 매달 운영비와 티켓판매액만 따지면 5억의 수익이 생기는

데, 사전 제작비에 50억을 썼으므로 10개월이 되어야 손익 분기점에 도달한다는 계산이 나온다. 11개월째부터 벌어들이는 5억이 진짜 수익이라 하겠다. 이게 뮤지컬이란 장르가 기본적으로 거치는 과정이다.

주지하다시피 미국 브로드웨이 극장은 대부분 전용관이다. 뮤지컬만 한다는 게 아니다. 연극도 한다. 대신 오래 한다. 한번 관객이 들면 계속 한다는 거다. 우리처럼 작품 처음 올릴 때 이 작품 언제 끝난다고 미리 정해놓지 않는다. 오픈 런Open-Run이다. 그래서 브로드웨이에서는 통상 작품 올라가고 1년 안에 공연이 끝나면 '망했다'고들 한다. 관객이 안 들었기에 빨리 문을 달았다는 걸 의미한다. 공연 기간이 1년에서 1년 6개월 정도면 '그저 그런'거다. 번 것도 아니요, 손해 본 것도 아니라는 얘기다. 대신 2년을 넘기는 공연은 '돈 버는' 작품이라고 보면 된다. 손익 분기점을 넘기는 순간부터 계속 돈을 긁어모으기 때문이다. 관객이 안 드는데, 매달 들어가는 운영비도 못 뽑는데 공연을 계속 할 바보는 없다. 그렇다면 1986년 처음 시작돼 지금까지도 공연 중인 〈오페라의 유령〉은 과연 얼마나 벌어 들였을까. 상상해 보시길.

정리하면 이렇다. 뮤지컬은 기본적으로 복제가 안 된다. 그래서 한 군데에서밖에 할 수 없다. 대신 돈을 벌려면 오래해야 한다. 영화와 결정적으로 다른 지점이다. 전용관이 필수적인 이유다. 영화가 짧은 시간 안에 여러 군데에서 하는, 즉 다수의 극장 확보가 중요한 '공간과의 싸움'이라면, 뮤지컬은 한 군데 공연장에서 오랫동안 하는 '시간과의 싸움'으로 승부를 거는 장르다. 산업화를 위해 영화에 멀티플렉스가 필요하듯, 뮤지컬엔 전용관이 절대적인 조건이다.

시키의
정면 승부

　이렇듯 뮤지컬 산업화의 기반 시설인 전용관을, 그것도 대한민국에 처음 생겼는데 일본 극단이 쓰기 시작한다고 하니 한국 뮤지컬계가 발칵 뒤집혔던 게다. 한국뮤지컬협회의 시키 반대 운동을 그저 '밥그릇 싸움'이라고만 치부할 수 없는 이유다.

　어쨌든 시키는 2006년 6월 기자간담회를 열어 한국 진출을 공식 선언했다. 이 자리에 참석한 아사리 게이타 대표는 '문화 교류'라는 점을 강조하며, "시키에서 활동 중인 한국 배우들이 한국어로 공연할 수 있는 기회를 주고 싶었다"고 역설했다. 그러면서도 한국 뮤지컬계 슬쩍 긁었다. "한국은 티켓 값이 너무 비싸다. 이래선 뮤지컬의 대중화가 이루어지기 힘들다. 〈라이온 킹〉은 최고가를 9만 원으로 책정했다. 한국은 또한 지나치게 스타 시스템에 의존한다. 실력 위주의 오디션이 한국에 정착하도록 돕겠다." 후진적인 한국 시장을 시키가 진출해 선진화된 시스템으로 바꿔 놓겠다는 뉘앙스였다.

〈라이온 킹〉이 티켓 값을 9만원까지 내릴 수 있었던 건, 전용관에서 장기 공연을 할 수 있었기에 가능했다. 가격 파괴의 여파는 강력했다. 그해 11월 LG아트센터에서 막이 오른 〈에비타〉역시 VIP석을 9만원에 내놓았다. 2001년 〈오페라의 유령〉이후 굳게 유지돼 오던, '대형 뮤지컬 최고가 = 최소 10만원'이란 불문율이 잠시나마 꺾이는 순간이었다. 늘 비싼 티켓값에 불만이 컸던 뮤지컬 팬들로서는 가격 하락이 더 없이 반가울 터. 자연히 가격 파괴의 조건인 전용관보다는, 시키의 합리적인 제작 방식이 가져다 준 선물로 받아들였다. 아사리 게이타 대표는 이 점을 정확히 꿰뚫고 있었던 셈이다.

자신감을 얻은 아사리 게이타 대표는 다음 수순을 밟았다. 한국 진출을 선언하고 한 달쯤 지난 2006년 7월 중순, 이번엔 한국 기자단을 일본으로 초청했다. 요코하마에 새로 지은 트레이닝 센터를 보여주기 위함이었다.

엄청난 규모였다. 600억원을 들여 5,200여평 2층짜리 건물로 완공된 트레이닝 센터는 그야말로 배우들이 훈련하기에 최적의 시설이었다. 1층엔 대형 중형 소형 개인 등 다양한 형식의 연습실이 30개가 넘었고, 경사면 방음 장치, 충격 흡수 소재 바닥 등 세심한 부분까지 신경 쓴 흔적이 역력했다. 2층은 부대시설로 식당 의상실

의무실 체력단련실 마사지실 등이었다.

아사리 게이타 대표는 한국 뮤지컬계를 향해 거침없이 직설화법을 구사했다. "한국 제작자들은 자꾸 시키가 전용관을 빼앗았다고 하는데, 뭘 모르고 하는 소리다. 원래 롯데 신격호 회장과 35년 지기다. 내가 신 회장을 15년이나 설득해 간신히 뮤지컬 전용관이 생길 수 있었다"라고 강조했다. 또한 "지금 한국뮤지컬협회는 시키 진출에 대해 반대하고 있지만, 난 그들의 반발에 신경을 쓰기 보다는 솔직히 '몇 시에 공연을 시작하느냐'가 더 중요하다. 거리에서 시위하지 말고 무대 위에서 승부하자"고 했다. 한 달 전과는 영 딴판인, 조롱 섞인 뉘앙스였다.

트레이닝 센터 개관식엔 나카소네 야스히로 전 총리 등 일본 정 재계 인사가 꽤 많이 눈에 띄었다. 시키가 일본 내에서 가지는 위상을 간접적으로 보여주는 대목이었다. 개관식 프로그램 중엔 시키에 소속된 한 중 일 3개국 배우 100여명이 단상에 올라 3개국 언어로 번갈아가며 노래를 하는 게 하이라이트였다. 아사리 게이타 대표는 개관식 말미에 "내년엔 한국, 내후년엔 중국, 그 이듬해엔 미국에서 공연하고 싶다"고 말했다. "브로드웨이를 정복하고 싶은 마음도 솔직히 있다"고 했다. 시키 해외 진출의 교두보가 한국임을 숨김없이 드러내는 순간이었다. 그렇게 2006년 10월 28일은 시키의 계획대로, 아사리 게이타 대표의 의도대로 착착 다가오고 있었다.

04

초라한
퇴장

야심찬 준비였고, 호기 있는 출발이었다. 한국 뮤지컬계의 거센 반발을 뚫고 시키는 2006년 10월 28일 잠실 샤롯데씨어터에서 〈라이온 킹〉을 올리며 서울 한복판에 마침내 깃발을 꽂았다. 노이즈 마케팅이라고 해야 할까. 〈라이온 킹〉 개막에 쏠린 지대한 관심은 여느 뮤지컬 때와 차원이 달랐고, 전용관에 대한 호기심까지 더해져 개막 즈음 흥행 성적은 산뜻했다. 탄탄대로를 달릴 것만 같았다.

그렇게 1년이 지났다. 정확히 개막 1년이 되는 2007년 10월 28일, 〈라이온 킹〉은 막을 내렸다. 대형 뮤지컬 1년 공연은 아직도 깨지지 않는 최장기 공연 기록이다. 역시 전용관의 위력이 현실화된 듯 보였다. 대한민국 서울도 이제 브로드웨이처럼 제대로 모양을 갖춘 뮤지컬 시장이 될 것이라는 기대도 있었다.

그러나 최종 성적표는 의외였다. 시키가 1년간 330회를 공연하며 〈라이온 킹〉에 쏟아 부은 총제작비는 177억원. 반면 티켓 매출액은 140억원을 조금 상회했다. 무려 36억원이라는 돈을 손해 본 것이었다.

적자 규모보다 더 시키의 가슴을 아프게 한 건 사실 공연 기간이었다. 〈라이온 킹〉 1년 공연은 과거 한국 뮤지컬 공연 기간보다는 분명 길었지만, 다른 나라와 비교하면 초라한 수지였다.

●● 〈라이온 킹〉 세계 각국 공연 현황(2010년 9월말 현재)

공연지역	개막일	공연기간(진행중)
미국 뉴욕	1997년 10월~	13년
일본 도쿄	1998년 12월~	11년 9개월
영국 런던	1999년 9월~	11년
독일 함부르크	2001년 12월~	8년 9개월
프랑스 파리	2007년 9월~	3년
대한민국 서울	2006년 10월~2007년 10월	1년(종료)

세계 최고의 뮤지컬 메카라는 뉴욕과 런던은 그렇다고 치자. 일본 도쿄에서도 〈라이온 킹〉은 10년이 넘도록 쉬지 않고 있다. 우리에겐 낯설기 그지없는 독일 함부르크에서도 9년을 넘기고 있으며, 뮤지컬을 조금 수준 낮은 예술로 보는, 콧대 높은 파리에서도 〈라이온 킹〉은 3년을 훌쩍 넘기고 있다. 대한민국만이 겨우 1년밖에

공연을 못했다는 건 시키로서도, 〈라이온 킹〉을 제작한 디즈니로서도 굴욕적인 결과다. 그것도 손해를 보면서 말이다.

왜 이런 결과를 낳았을까. 당시 한국 공연을 책임졌던 시키의 마쯔자끼 아끼라 이사는 한국 뮤지컬 시장의 특징을 다음과 같이 4가지로 분석했다.

① 예약 문화가 없다: 외국에서는 인기 작품은 몇 개월 뒤에나 볼 수 있다. 티켓을 예매하기 때문이다. 그러나 한국 관객은 당장이 중요하다. 오늘 표가 없으면 기다리지 않고 다른 공연을 보는 식이다. 미래 예측이 불가능하다.

② 고가의 티켓과 기업협찬: 비싸야 오히려 잘 팔린다. 명품 선호 현상이 뚜렷하다. 우선 비싸게 매긴 뒤 그 다음엔 대폭 할인한다. 그 할인된 티켓을 기업들이 '협찬'이란 명목 하에 대량 구매한다. 제 돈 내고 봐야 할 부유층들이 기업의 초대권에 의한 공짜 관람을 당연시 여긴다. '고가티켓-대폭할인-기업협찬-초대권관람'의 악순환은 장기적으로 한국 시장의 굴레다.

③ 스타에 의존한다: 작품의 질보단 어떤 배우가 출연하느냐에 따라 티켓 쏠림 현상이 강하다. 일반 관객뿐만 아니라 마니아 역시 비슷한 경향을 보인다. 배우의 몸값이 천정부지로 높아져, 제작비 상승을 주도한다.

④ 시기별 큰 편차: 송년회가 많은 연말. 가족의 달인 5월. 방학 휴가철

　　　　　　　　　　　뮤지컬 사회학

인 8월에 객석은 꽉 찬다. 나머지 기간은 '파리 날리는' 수준이다. 확 몰렸다 확 빠진다. 대한민국에서 공연 관람은 일상에 스며들지 못한 채 특별한 이벤트로 자리매김 되어있다.

마쯔자끼 이사의 분석은 정확했다. 그의 지적은 한국 뮤지컬 시장이 가지는 한계이자 문제점이다. 하지만 이는 제3자라고 불리는 학자 능이 해야 할 사항이다. 실제 공연하고 있는, 링 위에 올라간 선수라면 분석만 하고 가만히 있을 게 아니라, 한국 시장의 고유한 성격에 어떤 식으로 적응하고 개선할 지 적극적으로 움직여야 한다. 물론 처음 한국에 와서 공연한 시키로서는 이런 시행착오가 당연히 지불해야 할 비용일지도 모르지만 말이다.

05

기다리지
않는다

마쯔자끼 이사의 분석을 역으로 적용하면 시키의 〈라이온 킹〉
이 왜 한국에서 실패했는지 알 수 있다.

스타 부재

시키는 유명 배우를 쓰지 않았다. "스타 캐스팅 때문에 제작비
가 올라가는 게 한국 뮤지컬의 문제"라는 지적만 되풀이했다. "그
래도 명색이 〈라이온 킹〉인데……"라는 확신이 있기에 가능했을 것
으로 추정된다.

당시 시키가 보유한 한국 배우는 30여명이었다. 앙상블 배역을
위해 오디션을 갖긴 했다. 하지만 주역은 그대로 자신들이 보유한
한국 배우를 썼다. 이젠 한국에서 꽤 이름이 알려진 차지연 강태을
등이 기용되긴 했지만, 당시로서는 생판 처음 들어보는 이름이나

마찬가지인 배우였다.

결과는 위에서 언급한 그대로 참혹한 실패였다. 스타를 기용하는 게 단순히 그를 좋아하는 팬들이 공연을 보러 오는 것으로만 시키는 이해한 듯싶다. '그래봤자 몇 명 더 보겠나. 관객수 조금 늘리려고 유명 배우를 쓰고, 돈을 훨씬 많이 주고, 그러다 스타가 자칫 연습에 소홀해 제작상의 잡음이라도 생기면 오히려 역효과만 생긴다'라고 생각했을지 모른다.

원론적으로 틀린 말은 아니다. 하지만 한국 사회에서 스타란 단순히 사람을 몇 명 몰고 다니는 문제가 아니다. 한국에서는 스타가 일의 출발점이라는 것을 간과했다.

스타가 있어야 기사라도 한 줄 더 나간다. 온라인상에서 이런 저런 말들이 오가는 것이나 "누구 나오는 데 어때?"라며 호기심어린 입소문이 퍼지기 시작하는 것도 스타다. 최근 홍보 마케팅으로 가장 효과 있다는 TV 오락프로그램 역시 스타가 없으면 출연은 꿈도 안 꾸는 게 낫다. 알지 못하면 아예 언급조차 안 된다. "무플보다 악플이 낫다"는 말도 이래서 나온 것일 게다.

한국인은 실체를 좋아한다. 손에 잡혀야 한다는 것이다. 그러기 위해선 사람이 필요하다. 작품은 뭔가 구체적이지 않다. 대신 사람은, 배우는, 스타는 구체적이다. '누가 출연하는 무슨 작품'이라는 홍보 타이틀이 만연하는 이유다.

이 얘기가 스타만 나오면 무조건 빵 터진다는 건 아니다. 초특급 스타를 쓰고도 실패한 영화나 드라마를 우린 수없이 봐 왔다. 스타란 출발점이다. 거기서부터 이런 저런 방법이나 아이디어가 나올 수 있다. 그걸 시키는 간과했다. 그저 '작품이 좋다'라는 것만으론 까다로운 한국 관객의 관심을 끌 수 없다는 걸 몰랐다. 확신을 넘은 교만이었다.

에누리가 없었다

할인 정책을 펴지 못한 것도 패착이다. 〈라이온 킹〉의 최고가는 9만원이었다. 기존 대형 뮤지컬보단 쌌다. 그걸로 경쟁력이 있을 것으로 시키는 예상했다. 2% 부족했다.

할인이라곤 시키 회원으로 가입할 경우 1만원 깎아주는 게 전부였다. 하지만 한국 관객은 에누리를 좋아한다. 제 돈 다 내고 보면 손해 본다고 생각한다.

2010년 대학로에 위치한 메이저 연극 기획사가 약 200여명의 관객을 대상으로 설문 조사를 했다. "4만원짜리 티켓을 50% 할인해서 파는 게 좋은가, 아니면 맨 처음부터 2만원으로 파는 게 좋은가." 어떻게 보면 어리석은 질문 아닌가. 결과적으로 소비자의 주머니에서 나가는 돈은 똑같이 2만원이니 말이다. 그런데 아니었다. 전자, 즉 50% 할인을 좋아한다는 소비자가 90%였다.

이런 설문 조사를 보면 합리적인 소비란 애당초 없는 게 아닌가 싶을지도 모르겠다. '조삼모사'를 떠올리며 혀를 찰지도 모른다.

공짜 좋아하는 한국인의 습성 때문이라고 볼 수도 있다. 워낙 값 깎는 것, 혹은 흥정하는 것에 익숙해져 가격 할인이 하나의 소비문화로 자리 잡았다는 분석이 있을 수도 있다. 난 생각이 조금 다르다. 가격을 낮춰주는 것이야말로 '당신은 특별하다'는 걸 전해주는 분명한 메시지이기 때문이다.

예를 들어보자. 우린 가는 음식점을 또 간다. 단골이면 우대를 해주기 때문이다. 음식값을 낮춰주진 않을 지언정, 주인장이 나와 "여기 테이블에 서비스 하나 더"라고 말해주곤 한다. 어깨가 으쓱해진다. 내가 대접받고 있다는 느낌이 들기 때문이다.

한국 사회엔 유독 '민원'이 많다. 예전에 비해 합리화된 부분이 많고, 규정대로 따르는 경우가 늘어나긴 했지만 여전히 아는 얼굴 한 명이라도 있으면 조금이라도 덕 보는 게 한국 사회다. '정'(精)일 수도 있고, '빽'일 수도 있다. 돈을 깎아 주는 건, 그 특별함에 가장 하이라이트인 셈이다. 이에 비해 할인 정책을 철저히 거부한 시키는 경직돼 있었고, 달리 보면 지나치게 쿨했다.

실패 요인 두 가지를 합치면 '이슈가 없었다'는 말로 정리가 된다. 스타를 쓰는 것이나 티켓 값을 낮추는 것이나 결국은 관심을 끌기 위해서다.

한국은 빠르게 변화하며 사건 투성이 나라다. 사람들은 한쪽으로 쭈~욱 몰려갔다 또 삽시간에 빠져 나간다. 전쟁의 위험까지 안고 살아가고 있다. 그런데도 태평하게 일상을 살아갈 만큼 한국인은 넘쳐나는 사건과 자극에 한편으론 취해 있고, 한편으론 무뎌져 있다.

이런 '다이내믹 코리아'에서 뮤지컬을 하면서 스타를 기용하는 건 최소한의 보험이다. 할인 역시 마찬가지다. 단 두 달만 공연을 해도 티켓 판매가 하향 곡선을 그리면 당장 '모녀 할인' '보고 또 보고 할인' 등의 방법을 동원해 관객의 관심을 끌기 위해 애를 쓰는 게 대한민국이다.

게다가 공연기간은 무려 1년이나 되지 않던가. 개막할 때야 반짝 관심이 있겠지만, 이후엔 다양한 이슈를 계속 만들어 잊을 만하면 다시금 대중의 관심을 환기시켜야 한다. 그래서 스타 캐스팅이 필요하고, 할인 방법도 쓰고, 때로는 노이즈 마케팅이 등장하는 것이다. 대한민국이란 나라에서 1년이 얼마나 긴 지, 살아남기 위해 얼마나 치열한 방법을 쓰고 있는지 시키는 너무 몰랐다.

06

디즈니와의 악연

뮤지컬 〈라이온 킹〉의 실패는 세계 최고의 엔터테인먼트 그룹인 디즈니로서도 자존심이 크게 상하는 일이었다. 얼마나 마음이 쓰리고 속이 상했으면 "한국 뮤지컬 시장은 시장도 아니다"란 독설까지 내 뱉었을까.

애니메이션을 만들고 장난감을 내다 파는 줄만 알았던 디즈니가 미국 브로드웨이에 처음 등장한 건 1994년이었다. 뮤지컬 〈미녀와 야수〉를 들고 입성했다. '유치한 볼거리'라는 평단의 혹평과 달리 객석은 가득했다. 새 세상이었다. 사실 이전까지 브로드웨이는 활기가 없었다. 새로운 작품도 없었고, 관객도 나이 든 중년 이상이 대부분이었다. 그런데 꼬마들의 재잘거림이라니. 〈미녀와 야수〉와 함께 브로드웨이에도 가족 뮤지컬이 깃발을 내리꽂기 시작했다. 브로드웨이의 돌파구였고, 디즈니였기에 가능했다.

디즈니가 보유하고 있던 콘텐츠는 또 얼마나 무궁무진하던 가. 여기에 디즈니가 야심차게 준비한 뮤지컬 〈라이온 킹〉을 97년 10월, 42번가 한가운데 위치한 뉴암스테르담 극장에서 연 건 날개 를 달아준 격이었다. 너도나도 디즈니 찬가를 불렀다. 디즈니는 만 화 캐릭터 영화를 넘어 뮤지컬 분야에서도 절대 강자로 우뚝 서기 시작했다.

하지만 한국과의 악연은 유난히 질기다. 디즈니 작품이 처음 들 어온 것은 2004년 〈미녀와 야수〉였다. 120억원의 제작비가 들었고, 12억원 가량의 손해를 보았다. 규모로 봐서 엄청난 피해액은 아니 었다. 하지만 명색이 〈미녀와 야수〉 아니던가. 게다가 당시 한국 제 작사였던 '제미로'는 〈미녀와 야수〉 흥행 실패와 함께 문을 닫고 말 았다. 모기업인 오리온 그룹이 공연 사업 철수를 선언했기 때문이 었다. 그전까지 '제미로'는 〈오페라의 유령〉 〈캣츠〉 제작, 〈시카고〉 투자 등 한국 뮤지컬 산업이 막 걸음마를 뗄 무렵, 이를 선도하는 제작사였다. 〈미녀와 야수〉 실패와 함께 '제미로'가 공중에 분해 됐 다는 건 한국 뮤지컬계로서도 충격이었다.

2005년 8월말부터 이듬해 4월까지 8개월간 공연한 〈아이다〉 가 한국에 들어온 두 번째 디즈니 작품이었다. 〈아이다〉는 제작비 130억원, 매출액 150억원 등 외견상으로 수익을 냈지만, 원래 예상 했던 제작비보다 추가 비용이 발생했고 로열티 부가세 티켓수수료 등을 종합해 보니 최종 결산은 마이너스였다. 여기에 디즈니가 가장 자랑하는 〈라이온 킹〉까지 1년 만에 막을 내리니 디즈니가 고개를 설레설레 흔들 수밖에 없었다.

왜 유독 디즈니는 한국에서 재미를 못 볼까. 그 얘기는 '왜 한국에서는 가족 뮤지컬이 성공하지 못할까'란 물음으로 봐도 된다. 뮤지컬은 기본적으로 두 명이 같이 본다. 반면 가족 뮤지컬은 4인 가족이 기본이다. 비용이 더 추가될 수밖에 없다. 아무리 〈라이온 킹〉이 이전 한국에서 공연된 대형 뮤지컬보다 싼 가격이라 해도, 9만원의 티켓 값은 4인 가족이 보기엔, 아동 할인을 고려해도 얼추 30만원에 육박한다. 여기에 저녁 식사 등을 고려하면 중산층 가장이 하루저녁 즐거운 시간을 보내기 위해 지불해야 할 비용으로는 부담스러울 수밖에 없다.

특히 한국에서는 '가족 뮤지컬 = 아동 뮤지컬'이란 인식이 팽배하다. 탈을 쓴 인형이 등장하고, 로봇이 나오는 아동 뮤지컬은 아무리 비싸도 최고가가 3만원에 불과하다. 심지어 초등학교 유치원 상대로 단체 판매를 할 경우엔 1만원 미만인 경우도 숱하다. 이런 실정에서 '아이가 뮤지컬 한편 보는 데 9만원 든다고? 차라리 놀이공원 가서 실컷 놀고, 저녁엔 온 가족이 탕수육 푸짐하게 먹는 게 백배 낫지'란 생각이 대부분 부모들의 속내였을 게다.

디즈니가 스타 시스템을 거부한다는 점도 한국에서는 걸림돌이었다. 〈라이온 킹〉이나 〈미녀와 야수〉를 보자. 해외에서도 유명 배우가 나온 적이 거의 없다. 무거운 사자 머리를 뒤집어 쓴 채, 누군

지도 알 수 없는 야수를 연기할 슈퍼스타는 없다. 기존 히트 애니메이션을 고스란히 무대에 재현하는 것이 디즈니의 목표였다. 왜? 성공했던 거니까, 관객도 그걸 원하니 딱히 무대 위 캐릭터에 새로운 생명력을 불어넣을 필요가 없었다. 게다가 디즈니는 세계 어디서나 균일한 공연을 원한다. 함부로 바꿀 수 없다는 얘기다. '한국적 특성' '토착화'란 어림 반 푼어치도 없다. 자그마한 소품 하나까지 그대로 해야 한다. 그게 통하는 나라도 있을 것이다. 하지만 한국은 아니었다. 한국 관객이 얼마나 개성이 강하고, 에너지가 넘치는 지도 몰랐다. '디즈니 100% 재현'이라는 그들의 오랜 원칙은 한국에서는 윤기 없고 박제화 된 공연으로 전락하는 수렁이었다.

07

오픈 런보다는 레퍼토리

전 세계 어디서나 메가 히트한 뮤지컬 〈라이온 킹〉은 그렇게 한국에서 퇴장했다. 한국 시장을 제대로 파악하지 못한 채 자기 방식을 고집한 시키의 무모한 전략이 첫 번째 원인이었다. 두 번째는 한국과 궁합이 안 맞는 디즈니 뮤지컬의 특성이 작용했다.

그렇다면, 시키만 아니라면, 디즈니만 아니라면, 뮤지컬 전용관에서 오래 오래 공연할 수 있다는 말인가.

이 지점에서 한국 뮤지컬 시장의 근본적인 한계가 드러난다고볼 수 있다. 시키가 샤롯데씨어터에서 장기 공연에 들어간다고 했을 때 한국 뮤지컬 제작자들이, 뮤지컬협회가 그토록 펄펄 뛰었던건 전용관을 못 쓰게 되는 것에서 비롯한 위기의식이었다. 뮤지컬이 산업이 되기 위해 가장 필수적인 인프라인 전용관이 있어야 하고, 그 전용관에서 종영 날짜를 정하지 않은 채 오픈 런으로 공연해야 뮤지컬 시장이 제대로 틀을 갖추는 것이라고 생각했기 때문이다.

하지만 시키가 떠나고 샤롯데씨어터에서 〈라이온 킹〉보다 오래 공연한 뮤지컬이 있었나? 없었다. 가장 근접했던 게 2009년 9월 말부터 2010년 9월 중순까지, 11개월 남짓 공연한 〈오페라의 유령〉이었다. 그 〈오페라의 유령〉마저도 수익을 내진 못했다.

한국 뮤지컬 시장은 장기 공연이 불가능하다는, 오픈 런으로 공연할 수 없다는, 그만큼 시장 규모가 작다는 얘기다. 따라서 제작 방식 역시 미국 브로드웨이를 그대로 차용할 수 없다. 사전 제작에 큰 돈이 들어가더라도 오래 공연해 그 제작비를 충당하는 방식이 한국에서는 현실성이 없다. 대신 맨 처음부터 특정 기간을 정해놓고, 그 기간에 사전 제작비, 런닝 코스트를 몽땅 빼내야 한다.

여기서 잠깐. 일본에서는 어떻게 〈라이온 킹〉이 롱런하고 있는지 살펴보자. 시키의 〈라이온 킹〉은 한국에서는 실패했지만 일본에서는 12년이 넘게 공연 중이다. 두 개 무대가 있다. 하나는 도쿄에서 고정돼 있고, 다른 무대는 오사카 후쿠오카 나고야 등을 옮겨 다니며 공연 중이다.

특히 지방 학생들이 수학여행 차 도쿄에 왔을 때 빠지지 않고 보는 게 〈라이온 킹〉이다. 시키는 이를 위해 2002년부터 지방 도시를 담당하는 '광역영업팀'을 운영하고 있다. 학생 숫자도 매년 증가세다.

1999년	1만 2,285명
2000년	2만 5,409명
2001년	3만 4,463명
2002년	3만 8,592명
2003년	4만 5,026명
2004년	4만 2,229명
2005년	4만 7,031명
2006년	4만 6,714명
2007년	4만 9,313명
2008년	4만 7,975명
2009년	6만 801명

일단 학생이 한번 보게 되면 이후 가족과 다시 보는 경우도 있어 2차, 3차 관람의 효과를 가지고 온다. '청소년기에 시키에 강한 인상을 받고 성인이 된 후에도 계속 시키 작품을 보게 된다'는 건 결코 과장이 아니다. 지방 관객을, 또는 청소년 관객을 공연장으로 유인하는 데 미숙한 한국 뮤지컬 제작자들이 참조할만한 사항이다.

결국 뮤지컬 〈라이온 킹〉이 한국에서 망한 건, 시키와 디즈니의 실책을 보여주었다기보다는 한국 시장의 특성과 한계를 더 확연히 드러냈다고 보는 게 맞을 듯싶다. 그 특성은 '한국 관객은 기다리지 않는다'는 점이다.

최근 국내에서 공연되는 대형 뮤지컬의 특징 중 하나는 '오픈 런'

을 표방하고 있다는 점이다. 기간을 정해놓지 않고 관객이 오는 데로 공연을 한다는 뜻? 아니다. "언제 끝날지 모르니깐 빨리 오라"는 뜻이다. 사실은 공연 기간이 정해져 있는데 따로 공표만 안하고 말로만 '오픈 런'이라고 하는 거다.

100억원 이상의 제작비가 드는 뮤지컬의 경우, 최소 5개월 이상을 해야 수익을 남길 수 있다. 그런데 끝나는 날짜가 5개월 뒤라면 한국 관객은 "한참 남았네, 끝날 때쯤 보지 뭐" 이런 정서가 강하다는 거다. 그러니 아예 폐막일을 공시하지 않고, 오픈 런이라고 하다가, 관객이 안 오면 당장 그만둘지도 모른다는 식으로 해야 관객이 서둘러 보러 온다는 것이다. '오픈 런'의 한국적 변용인 셈이다.

이것은 뮤지컬을 관람하러 가는 행위가 특정 작품을 향유한다기보다, 일상과 다른 특별한 이벤트이기에 무엇을 봐도 크게 상관 없다는 인식이 아직도 일반 대중에게 많다는 의미다. 오픈 런으로 언제든 볼 수 있는 거라면 굳이 지금, 당장 보러 가지 않고 다음을 기약하거나, 아니면 딴 작품을 보러 간다는 뜻이기도 하다. 기다리지 않고 예약을 하지 않는 관람 형태가 지속되는 한 뮤지컬 전용관의 본래 의미는 퇴색할 수밖에 없다. 장기 공연은 한국에서는 요원한 일이다.

그렇다고 한군데서 오래 해야 돈을 벌 수 있는 뮤지컬 특성상 장기 공연을 포기할 수도 없는 일. 그래서 나온 게 '레퍼토리 repertory'다. 브로드웨이나 웨스트엔드처럼 관객이 들어오는 한 계속 하는 게 아니라, 특정 기간(대체로 3,4개월) 한 뒤 1,2년 뒤에 또 올리는 '레퍼토리'가 한국 뮤지컬의 제작 방식으로 굳어져 가고 있다. 관객이 궁금해 할 때쯤 다시 올리거나 혹은 배우를 살짝 바꿔가며 변용을 주는 식이다. 〈맘마미아〉가 그렇고, 〈지킬 앤 하이드〉가 그러하며 〈삼총사〉〈모차르트〉〈잭더리퍼〉 등도 장기 레퍼토리로 자리를 잡아가고 있다.

결국 〈라이온 킹〉의 한국 공연 흥행 실패는 '오픈 런'이라는, 뮤지컬 산업화를 위해 전용관이 가지는 본래 의미는 퇴색시켰으나 '레퍼토리화'를 통해 한국적 변용을 모색중이다.

5장

〈맘마미아〉는
왜
박차고
일어나게
할까

관객의 개입성

딱딱
떨어진다

기사 얘기 한번 해 보겠다. 2004년이었다. 가수 신승훈 씨가 오 랜만에 새 앨범을 냈다. 당시 가요 담당 기자였던 나는 그와 인터 뷰를 했다. 서울 강남의 근사한 카페였다. 1시간 반 남짓, 매너 좋 은 신 씨는 웃는 얼굴로 자신의 음악 세계와 새 앨범, 그리고 소소 한 일상을 조근조근 얘기했다. 인터뷰를 마치고 나오는데 다른 매 체 기자가 기다리고 있었다. 그날 하루, 여러 매체 인터뷰가 계속 잡혀 있었던 거다.

인터뷰는 월요일에 있었다. 신문엔 요일별로 특정 장르 기사가 나가는 구분이 있곤 한다. 당시 중앙일보는 가요 기사가 금요일자 에 배치돼 있었다. 반면 경쟁지는 수요일자였다. 똑같이 월요일에 인터뷰했는데, 경쟁지가 먼저 나가는 셈이다. 예상대로 신승훈 인 터뷰는 경쟁지 수요일자에 대문짝만하게 나갔다.

금요일에 기사가 나가봤자, 따라 썼다는 느낌만 줄 게 뻔했다. 아무리 달리 쓴다고 해봤자 인터뷰 기사란 게 거기서 거기 아니던가. 그렇다고 천하의 신승훈을 인터뷰하고 지면에 안 내보낼 수도 없고. 머리에 쥐가 났다. (이런 상황, 이해하기 힘드시죠. 인터뷰 기사 하루 먼저 나가고 늦게 나가는 게 뭐 그리 중요한 문제인지 고개가 갸웃하실 겁니다. 맞는 말씀입니다. 현재와 같은 다매체 시대에, 게다가 인터넷 트위터 등으로 실시간 뉴스가 전달되는 세상에 인터뷰 기사 하루 이틀 시간차가 뭐 그리 대단한 일이겠습니까. 하지만 기자 사회 관행으로 따지자면 그건 꽤 자존심이 걸리는 일이랍니다.)

짱구를 굴리다 뭔가 휘~익 스쳐 지나가는 게 있었다. 신 씨가 데뷔한 지 14년째라는 사실. 한글 자음순 '가나다라'도 14개라는 것. 그걸 엮어야겠다는 생각이 들었다. 그렇게 나온 기사가 다음의 기사였다.

14년간 대중의 사랑을 받았다는 것은 분명 뭔가 특별한 점이 있다는 것이리라. 가수 신승훈을 '발라드의 황제'라 부르는 것도 이런 꾸준한 인기 때문이다. 그가 2년 만에 9집 앨범 'Ninth Reply(아홉번째 응답)'를 냈다. 음반이 발매된 지난 2일 강남의 한 카페에서 그를 만났다. 약속시간보다 30분가량 늦게 나타나선 "이젠 나이가 들어 메이크업이 워낙 안 먹거든요"라며 능청을 떨더니 "콘서트에 안 오시려면 오늘 인터뷰한 것 기사 쓰지 마세요"라고 슬쩍 눈을 흘기기도 한다.

1시간반가량 그는 음악에 대한 열정을 유쾌하게 쏟아 부었다. 데뷔한 지 14년이 된 그를 '가나다라……' 14글자로 풀어보려는, 다소 엉뚱한 생각이 든 것도 그의 만만찮은 입심 덕이 컸다.

가리봉동: 신승훈은 1989년 상경했다. 대전에서 노래 좀 한다는 소문을 들은 음반 관계자가 찾아온 것이다. 그러나 "가수 만들어 주겠다"던 그 관계자가 구해준 일이란 가리봉동 카페에서 노래 부르는 것이었다. 온갖 허드렛일을 도맡아 하며 세 끼를 라면으로만 때우다 6개월 만에 그만 장염에 걸려 귀향길에 올랐다. 그에게도 무명시절은 쓰디썼다.

나이: 내일 모레면 유혹에 흔들리지 않는다는 불혹, 마흔 살이 된다. 나이에 책임을 질 때다. "가요계 선배로서 후배들을 키우고 싶어요. 난 발라드만 부르지만 곡을 줄 땐 록이 될 것입니다." 주위에서는 그가 아직 미혼인 게 걱정이다. "혼자 오래 지내면 추해질 것 같아 빨리 결혼하고 싶지만……" 아직 마음에 둔 여성이 없는 걸까.

다정다감: 그토록 슬픈 노래를 부르지만 평소엔 활달한 성격에 주변 사람 잘 챙기는 것으로 유명하다. 김민종 강타 등 후배들이 많이 따른다. 오죽 싹싹했으면 그 까다롭다는 기자들이 '가장 예의바른 남자 연예인 1위'로 꼽았을까.

라이브: 이번 앨범은 철저히 콘서트를 염두에 두고 만들었다. 보사노바와 펑키, 모던 록에 라틴 계열까지 여러 가지 변주를 시도한 것도

다양한 무대를 보여주기 위해서다.

마니아: 골수팬이 엄연히 존재하지만 그의 음악은 마니어적이라기보다는 대중을 겨냥한다. "지난해 팀의 '사랑합니다', 최근엔 MC더맥스의 '사랑의 시'를 한번 듣고 곧바로 차트 1위를 할 거라고 장담했죠." 대중의 기호를 정확히 읽어내는 능력이야말로 장수長壽 인기를 누리는 비결이다.

바보: 고등학교 대학교 동창들은 그를 속어로 '또라이(바보)'라고 부른단다. 음악만 알고 세상 물정 잘 모르기 때문이라나. "그런 말 들으면 기분 좋아요. 보통 사람과 똑같으면 어떻게 많은 사람의 마음을 움직이겠어요. 다른 면이 있어야 대중에게 어필하죠."

사랑: '미소 속에 비친 그대' '보이지 않는 사랑' 등 그의 애틋한 히트곡들은 실제 경험에서 비롯됐다. 충남대 경영학과 시절 그는 캠퍼스 커플이었으나 가수가 되려고 하자 여자 쪽 집안이 반대해 헤어지고 말았다. "5집 앨범 낼 때 그녀가 결혼했다는 이야기를 전해듣고서야 악몽에서 벗어날 수 있었죠. 그래서 나온 노래가 '나보다 높은 곳에 니가 있을 뿐'이에요."

아집: 데뷔 이후 그는 단 한편의 CF도 찍지 않았다. 지금껏 제의받은 CF만 찍었어도 몇십억원은 벌었을 터인데. "무대에서는 그토록 슬픈 노래를 부르고선 광고에 나와선 히죽거리며 '이 아이스크림 너무 맛있어' 한다면 꼴이 이상하잖아요." 연예인이라면 피해가기 힘든 그 흔한 스캔들 한번 없었다. 자기 관리가 결벽증에 가깝다.

자금성: 영화 '엽기적인 그녀'에 삽입된 'I Believe'가 중국에서 인기를 끌면서 한류 스타 대열에 합류했다. "중국에서 공연했을 때 한국적인 음악을 보여주지 못했다는 점이 늘 마음에 걸려 국악을 도입했죠. 자금성 앞에서 공연하는 게 꿈이에요."

차마: 신승훈의 노래가 애절한 것은 '사랑하지만 차마 어쩌지 못하는' 정서가 스며있기 때문이다. 어릴 때부터 김소월의 시를 좋아했단다. 이번 앨범 마지막곡인 '애이불비II哀而不悲' 역시 '슬프지만 울지 않는다'란 노랫말을 담고 있다.

카나리아: 흉내를 잘 내는 새 카나리아처럼 그는 모창模唱의 달인이다. 그가 이문세 조덕배 김종서 김동률 등의 노래를 부르고 있으면 정말 입이 떡 벌어진다. 양희은 이소라 등 여자 가수까지도 흉내낸다.

타성: 그는 발라드만을 고집해 왔다. "변신을 안 한다고 하지만 왜 한 장르만 부르는 게 문제죠? 엘튼 존이나 빌리 조엘도 결국 한 장르만 해오지 않았나요."

파이: 김건모 조성모 등 밀리언셀러 가수들이 수입 규모가 커지면서 소속사를 나와 독립을 했듯 그도 최근 '도로시 뮤직'이란 회사를 차렸다. 전문 경영인을 따로 두고, 그는 음악적인 부분에만 전념한다.

하루: '아침형 인간'이라기보다는 '밤샘형 인간'에 가깝다. 오후 2시에 눈을 뜬다. 느지막이 사무실에 나와 어슬렁거리다 스튜디오에서 새벽 5시까지 작곡하고 녹음하는 게 일상이다. 집에 들어가서도 DVD

한편 보고서야 잠자리에 들곤 한다. "사무실 여직원 말고는 보는 여자가 없으니 어떻게 결혼하겠어요."

최민우 기자 minwoo@joongang.co.kr (2004년 2월6일 중앙일보)

이 기사는 당시 반응이 꽤 좋았다. "재미있다" "신승훈에 대한 역사, 음악관, 일상을 입체적으로 보여줬다"고들 했다. 이 기사를 본 다른 가수들도 "나도 그렇게 기사 써 달라"는 요청이 많았다. 가장 많았던 건 "어쩜 그렇게 글자를 딱딱 맞추면서도 내용이 그럴듯하지"였다.

틀이 좁을수록
무릎을 친다

사실 이 정도 기사가 뭐 별거랴. 신승훈과 인터뷰해 이 정도 풀어쓰는 건 특별한 게 아니다. 누구나 쓸 수 있다. 문제는 '가나다라' 14글자를 앞머리에 맞춰 놓고, 그 틀 안에서 신승훈을 담아냈기에 사람들이, 독자가 재미있어 한 거다. 과연 그 틀에 정말 딱 맞아 떨어질지, 괜히 억지 춘향식으로 쥐어짜서 맞춘 건 아닌지 들여다 본 거다.

나 역시 이 기사를 쓰면서 국어사전을 책상머리에 놓고 적당한 단어가 뭐 없는지 뒤적거리며 밤을 꼬박 샜던 기억이 있다. 서로 단어가, 혹은 내용이 겹치지 않게끔 이리저리 꿰맞추며 잔머리를 굴리기도 했다. 자랑일지 모르지만, 가리봉동 차마 등은 내가 봐도 틀에 딱 맞고, 인간 신승훈을 적확하게 묘사한 단어였다. 대신 '파이' 같은 어휘는, '파−' 글자에서 딱히 맞는 단어를 찾을 수 없어 억지로 꿰맞춘 구석이 있었다.

그럼 조건을 바꾸면 어땠을까. 예를 들어 '가나다라'가 아니라, 'ㄱㄴㄷㄹ'로 했다면 말이다. 아마 그것도 그럭저럭 읽을 만했을 것이다. 아니 기사를 쓰는 기자 입장에서 선택할 만한 단어 폭이 넓어져 쓰기 훨씬 편했을 게다. 오히려 신승훈을 묘사하고 설명하기에 더 풍성할지 모른다.

하지만 독자 입장에서, 소비자 입장에서는 조금 심심했을 것이다. 왜? 쪼는 맛이 없기 때문이다. '가나다라'로 폭을 좁히면 운신의 폭은 적어지지만, 그에 걸맞은 단어가 나올 때면 "요거 봐라"라는 탄성도 자연스레 나오게 된다. 그러나 'ㄱㄴㄷㄹ'로 구조가 넓어지면 단어 찾기는 쉬울지 몰라도, 그 결과물에 대해 소비자는 "이 정도는 나도 할 수 있지, 뭐 별거야"라며 다소 심드렁할 수 있다. 쓰는 이가, 만드는 이가 머리가 아픈 만큼, 소비자는, 독자는, 관객은 더 흥미진진하게 본다.

얘기가 조금 빗나갔다. 하지만 일맥상통한다. 신승훈 기사를 예로 꺼내 든 건 다름 아닌 '주크박스 뮤지컬'을 설명하기 위함이다. '주크박스juke-box'란 알려진 대로 동전을 넣으면 자기가 듣고 싶은 노래를 들을 수 있는 기계다. 즉 뮤지컬을 위해 새 노래를 작곡하는 게 아니라, 기존에 나와 있는 노래를 가져다 그대로 쓰는 것을 '주크박스 뮤지컬'이라 부르는 것이다.

주크박스 뮤지컬도 크게 두 종류로 나누어 볼 수 있다. 하나는 컴필레이션 음반처럼, 여러 가수의 노래를 가져다 쓰는 거다. 창작 뮤지컬 중엔 〈달고나〉〈젊음의 행진〉 등이 대표적이다. 2011년에 초연된 〈늑대의 유혹〉도 이 계열이다. 김광석의 '이등병의 편지'가 나오다 갑자기 송창식의 '담배가게 아가씨'가 나오는 식이다. 노래와 상황은 그럴 듯하게 어울린다. 대신 절묘함은 부족할 수밖에 없다. 범위가 무척 넓기 때문이다.

다른 하나는 한 가수의 노래만으로 만드는 거다. 국내 뮤지컬중 대표적인 예는 2011년 초연된 〈광화문 연가〉다. 고故 이영훈 작곡가의 노래로 만들었다고 하지만, 관객은 대개 가수 이문세의 노래로 만든 뮤지컬로 받아들인다. 한 가수의 노래로만 만들었기에 구조는 뻑뻑하고, 착착 맞아 떨어지게 만들기 어렵다. 하지만 잘만 뽑아내면 대박이 터질 가능성도 그만큼 높다. '가나다라'로만 신승훈 기사를 쓰듯 말이다. 그리고 이런 주크박스 뮤지컬의 출발점은 다름아닌 〈맘마미아〉였다.

아바는 알고 있었을까
Does ABBA know?

주디 크레이머Judy Craymer란 이름은, 뮤지컬을 조금 안다는 이라면 반드시 기억해 둘 만하다. 이 여성이 지금껏 이룩한 업적은 '뮤지컬의 제왕'이라 불리는 프로듀서 캐머론 매킨토시와 버금가기 때문이다. 1980년대와 90년대 초까지 〈캣츠〉〈레미제라블〉〈오페라의 유령〉〈미스사이공〉 등을 잇달아 제작하며 매킨토시가 한 시대를 풍미했다면, 이후는 주디 크레이머의 시대였다.

96년엔 직접 리틀스타Littlestar라는 회사를 차려 경영자로도 나선다. 그리고 99년에 만든 뮤지컬이 있으니, 바로 스웨덴의 혼성 4인조 그룹 아바의 노래로만 만든, 주크박스 뮤지컬의 기원을 연 〈맘마미아〉였다. (영국 포브스지에 따르면 크레이머의 2010년 자산 규모는 7,500만 파운드(약 1,350억원)에 이른다.)

지금이야 당연하게 여기지만 당시로써는 작곡을 별도로 하지 않고, 기존의 노래로만 뮤지컬을 만든다는 것은 낯설었다. 게다가 특정 가수의 노래만으로 만들어 크게 히트한 경우가 없었다. 왜? 뮤지컬은 무릇 스토리가 있어야 한다. 그러려면 노래는 일관성을 갖고 촘촘히 엮여야 한다. 그런데 기존에 나와 있는 노래라는 건 각기 따로 만들어지지 않았는가. 한 앨범에서도 각각의 노래는 분위기도, 가사도 서로 연관성이 없다. 그렇게 따로 노는, 맥락이 없는, 통일성이 상실된 노래들을 굴비 엮듯 하나로 꿰맞춘다고? 불가능처럼 여겨지는 게 당연했다.

하지만 천재는 늘 바늘 틈새를 뚫고 나와 자신의 진가를 발휘하지 않던가. 크레이머는 아바의 남성 멤버이자 작곡자였던 베니 앤더슨Benny Anderson, 비욘 울베이어스Bjorn Ulvaeus와 80년대 후반부터 뮤지컬 작업을 같이 했다. 그리고 이들과 94년, 아바 음악으로만 뮤지컬을 만들기로 합의했다.

동갑내기 여성 동지들이 크레이머의 우군이 됐다. 촘촘한 스토리 라인은 캐서린 존슨Catherine Johnson이, 때깔 좋은 무대 연출은 필리다 로이드Phyllida Lloyd가 맡았다. 마침내 99년 4월 영국 런던 프린스 에드워드 극장에서 뮤지컬 〈맘마미아〉 막이 올랐다. 그 이후는? 익히 알려진 대로 대박을 쳤다.

무엇이 〈맘마미아〉의 경쟁력일까. 작품엔 22곡의 아바 노래가 들어가 있다. 어떤 노래를 선택하느냐가 제작진의 첫 번째 고민이었을 터. 당연히 대중이 익히 알고 있는 히트곡을 우선 추려 냈을 게다. 별반 인기는 없었지만, 이야기를 엮어 가는데 도움이 될 만한 노래도 몇 곡 간추렸다. 중요한 건 22곡 모두 개사 작업 없이 100% 원래 가사 그대로 쓰였다는 점이다. 여건이 어렵다고, 답이 안 풀린다고 꼼수를 쓰지 않았다는 얘기다. 오로지 원 재료에 어설픈 조미료 쓰지 않고 정면 돌파를 감행한 것이다. 이러니 관객이 무릎을 치고, 배꼽을 잡으며, 탄성을 지를 수밖에.

구체적으로 보자. 우선 첫 장면 노래는 'I have a Dream'이다. 딸 소피가 부른다. 결혼을 앞두고, 오랫동안 자신이 결핍처럼 느꼈던 무언가를 찾고 싶다며 "내겐 꿈이 있어"라고 부른다. 이 노래는 소피와 약혼자 스카이가 어딘가로 떠나는 마지막 장면에도 삽입된다. 수미쌍관의 구조다.

엄마 도나는 휴양지에서 모텔을 운영한다. 어느덧 40대, 싱글맘으로 살아온 나날은 힘들고 버겁다. 지칠 때마다 돈이 얼마나 우월한 세상인지 한탄하지 않을 수 없다. 그 순간 'Money Money Money'를 부르는 건 자연스럽다.

도나에겐 오랜 친구 로지와 타냐가 있다. 지금은 중년으로, 한물 간 느낌이 들지만 그들에게도 젊음은 있었다. 자신의 청춘을 회상하며 불꽃처럼 뜨거웠던 젊은 '댄싱 퀸Dancing Queen'를 신나게 불러 제친다. 어찌 박수가 안 나오겠는가. (참고로 아바는 유럽, 일본, 한국에서만 빅히트했다. 미국에서는 거의 찬밥 신세였다. '댄싱 퀸'만이 유일한 빌보드 싱글 차트 1위곡이었다.)

도나의 옛 사랑이었던 세 남자 샘, 빌, 해리가 휴양지를 찾는다. 소피가 각각 보낸 편지 때문이다. 소피는 셋 중 한 명이 자신의 친부라 믿는다. 그렇게 휴양지를 찾은 세 남자는 도나를 보는 순간, 흔들린다. 특히 샘은 누구보다 도나에 대한 애틋함을 마음 한켠에 짙게 갖고 있다. 그리곤 도나에게 고백한다. 자신을 구원해달라고. 'S.O.S'를 부르며.

압권은 타냐다. 그녀는 키가 크고 시원시원한 마스크로 중년임에도 여전히 섹시하다. 젊은 남자들도 그에게 눈길을 둔다. 스카이의 친구 페퍼는 꽤 적극적으로 작업을 걸어온다. 노련한 타냐, 그는 애송이 페퍼에게 한 수 가르친다. "네 엄마는 (네가 이러는 걸) 아니Does your Mother know?"

얼마나 기가 막힌가. 특히 타냐가 'Dose your Mother know'를 부를 때 런던 관객은 빵 터지고 말았다. 이 정도면 원래 아바 노래를 가져다 쓴 건 지, 뮤지컬 〈맘마미아〉를 위해 아바가 별도로 작곡한 건지 헷갈리기 시작한다. 〈맘마미아〉 이후 비슷한 유형의 주크박스 뮤지컬이 유행처럼 만들어졌지만, 〈맘마미아〉와 같은 초대박이 터지지 않은 건 음악이 나쁘기 때문이 아니다. 〈맘마미아〉처럼 가사, 상황, 타이밍, 개연성, 드라마 등이 절묘하게 버무려지지 않았기 때문이다. 그런 걸 보면 아바는 참 운 좋은 그룹임에 틀림없다. 본인이 활동할 때는 그걸로 돈 벌고, 이혼하고 해체한 뒤에는 뮤지컬로 또 돈 버니 말이다. 유로팝을 기반으로 하면서 발라드, 디스코, 록 등 다양한 장르를 넘나드는 것도 뮤지컬로 전환시키기에 매우 유효적절한 요소였을 터. 그렇다면 혹시 아바 멤버들은 자신의 음악을 만들 때 이런 앞날이 올 것을 미리 알고 있었던 건 아닐까?

04

번역도
예술이다

2004년 1월 서울 예술의전당 오페라하우스에서 한국어판 〈맘마미아〉가 첫 발을 내딛었다. 런던과 비슷했다. 큰 반향을 일으켰다. 커튼 콜 때는 모두들 자리를 박차고 일어나 어깨춤을 추었다. 공연 기간은 3개월이 넘었다. 예술의전당 오페라하우스 사상 최장기 공연이었다. 2,000석이 넘는 극장을 이렇게 오래 끌고 간다는 건, 당시 미성숙기였던 국내 뮤지컬 시장으로서는 모험이었다. 〈맘마미아〉는 85%의 객석 점유율, 최단 기간 20만명 관객 동원 등의 기록을 세우며 승전보를 울렸다.

한국 공연이 이토록 성공을 거둔 데는 번역과 개사의 힘이 컸다. 여기서 잠깐. 그럼 뮤지컬 번역은 어떤 것일까. 어떻게 해야 잘 했다란 소리를 들을까. 뮤지컬 전문 번역가 박천휘씨의 말을 들어 보자. 그는 〈스위니 토드〉 〈넥스트 투 노멀〉 등 2000년대 후반 이후 수입된 주요 라이선스 뮤지컬의 번역을 도맡았다.

함축하고 대비시켜라

영어 가사를 한국어로 바꿀 때 가장 기본은 어절 수를 맞춰야 한다는 점이다. 영어를 그대로 직역하면 대개 단어 수가 두세 배로 늘어날 수밖에 없다. 박 씨는 "원작의 뜻을 충분히 반영하면서도 리듬감을 잃지 않는 게 번역, 개사 작업의 출발점"이라고 말한다.

oo 〈보기1〉

I've been a-ble to en-dure e-nough

그　래 도 잘 견 뎌 왔 잖 아

But I must not want the cure e-nough

그 래 더 아 파 도 괜 찮 아

〈보기1〉의 두 번째 문장이 대표적 예다. 직역하면 "하지만 난 충분히 치료되길 원하지 않아"정도로 해석되지만 이를 그대로 쓰게 되면 음과 맞아 떨어지지 않기 때문에 줄여야 했다. 여기에 그는 한국말의 미묘한 어감도 활용했다. 첫 번째 문장 서두에 '그래도'라는 말을 첨부한 뒤, 두 번째에 '그래, 더'를 집어넣어 서로 비슷한 말을 되풀이하는 느낌이 들게 했다. 최종 완성본은 의역이 됐지만 의미 전달이 달라지진 않았다. 박 씨는 "코미디물의 경우 영어의 말장

난을 한국어로 살릴 수 없기 때문에 30% 정도는 창작을 할 수밖에 없다"고 털어놓았다.

각운을 맞춰라

영어에서 각운은 뮤지컬 뿐 아니라 시 노래 심지어 팝이나 랩까지 모든 운문 형식에 깊게 뿌리내린 전통이다. 이를 얼마나 한국말로 되살려 낼 수 있는가도 번역의 수준을 좌우한다.

●● 〈보기2〉

Pau-la on my knees you're so much tal-la

폴 라 너 는 내 맘 아 직 몰 라

But to please you I would crawl-a

나 도 내 맘 알 고 놀 라

Cross the new ter-sey turn-pike

왕   창 마 셨 지 콜 라

〈보기2〉는 한국적 각운을 살린 경우다. '굿바이걸'의 즉흥송으로 여주인공 '폴라'의 이름을 부르면서 시작된 노래는 본래 영어 단어에 무조건적으로 'la'란 철자를 붙여 끝말의 여운을 이어간다. 박씨 역시 이를 '몰라' '놀라' '콜라' 등을 삽입하면서 영어의 어감을 한국적으로도 똑같이 살려냈다. 박씨는 "목폴라 앙고라 골라 등 '라'

뮤지컬 사회학

로 끝나는 단어 20여개를 미리 뽑아 놓고 집어넣는 방식을 택했다. 마치 퍼즐게임처럼 단어가 딱 맞아떨어질 땐 정말 짜릿하다"고 말했다.

억양을 살려라

한국어와 영어의 또 다른 차이는 악센트. 특히 영어는 두세 번째 음절에 악센트가 많이 있는 것과 달리 한국어는 대개 첫 음절에 악센트가 있다는 점도 번역가에겐 골칫거리다.

oo 〈보기3〉

Atténd the tále of Sweeny Tódd

등골이 오 싹 할 애   기

〈보기3〉은 번역 혹은 개사가 또 하나의 창작임을 여실히 보여주는 명문장이다. 영어 가사는 't' 뒤에 악센트가 들어가면서 이 자체로 하나의 리듬감을 살릴 수 있다. 반면 한국말로 어절을 맞춰 풀어내면 "스위니 얘기를 들어봐" 정도가 정답인 셈. 단 이때는 악센트의 맛은 완전히 거세된다. 이를 박 씨는 경음 혹은 격음으로 대체했다. 즉 ㄲ ㄸ이나 ㅋ ㅌ ㅍ 등 강한 발음을 뱉어 내면서 영어의 악센트와 비슷한 효과를 내게 만든 것. '등골'을 [등꼴]로, '오싹할'을 [오싸칼]로 발음하면서 한국말로도 운율감이 자연스럽게 발생토록 했다. '스위니 토드'의 오프닝 부분에 해당하는 "등골이 오싹할 얘기"는 결국 직역은 아니나 작품의 전체적 음습한 분위기를 전달하며 관객의 심장으로 확 파고 들어온다.

이상은 2008년 중앙일보에 실린 기사다. 이런 번역의 미학이 2004년 〈맘마미아〉에서 이미 실현되고 있었다. 작품의 기본 번역은 김철리, 성수정 씨가 맡았다. 물론 실제로 연습을 하면서 배우들이 입에 착착 감기게끔, 디테일을 살리는 데는 국내연출가 한진섭 씨의 공이 컸다. 예를 들면 다음과 같은 대목이 그렇다.

You can dance You can jive

신 나 게 춤 춰 봐

Having the time of your life

인 생 은 멋 진 거 야

See that girl, watch that scene

기 억 해 넌 정 말

Diggin' the Dancing Queen

최고 의 댄 싱 퀸

아바 노래중에서도 최고 히트곡으로 알려진 '댄싱 퀸'의 앞대목이다. 번역이 본래 가사의 의미를 100% 전달하는 건 아니다. 그건 직역일 뿐이다. 지나친 의역이 원래의 형태를 희석시킬 우려도 있지만, 새로운 언어로 바뀌는 순간, 이미 재창조는 시작됐다고 봐야 한다. 그렇다면 얼마나 새로운 의미를, 그러면서도 원형의 색깔을 유지하느냐가 관건이다.

'댄싱 퀸'의 앞대목은 그런 면에서 번역의 교과서라 할 만하다. 영어 가사를 그대로 살리진 않았지만 전체적인 의미를 전달하는 데는 무리가 없었다. 무엇보다 영어 한 단어에 한글 한 글자가 딱 맞아 떨어지게끔 했다. 또한 우리말을 이어가는 발음상에서도 전혀 문제가 없다.

다음은 또 어떤가. 2막 중반에 나오는 노래중엔 'Knowing Me Knowing You'이란 게 있다. 해석하면 '나를 알며 너를 알고'정도라고 해야 할까. 한 연인이 서로 얼마나 다른지를 깨닫게 되면서, 이별이 다가옴을 암시하는 노래다. 하지만 리듬감은 있다. 이걸 직역 그대로 부르면 음절도 안 맞고, 무엇보다 맛이 안 산다. 한국판 〈맘마미아〉는 이 부분을 이렇게 탈바꿈시켰다.

"나는 나, 너는 너"

우선 어절이 정확히 맞는다. 악센트도 마치 짜고 친 것처럼 딱 맞는다. 서로 자기의 갈 길을 간다는 의미도 얼추 비슷하다. 무엇보다 처연하면서도 어딘가 결단력을 느끼게 하는 복잡한 심리를 표현하는 데 이만한 가사가 있을까.

이처럼 〈맘마미아〉의 한국어 가사들은

1. 듣기에 전혀 거북하지 않고

2. 가사 전달력이 정확하며

3. 원판을 뛰어넘어 새롭게 의미를 부여하고

4. 착착 감기는 듣는 맛까지 제공했다.

한국판 〈맘마미아〉 성공의 숨은 비결이다.

뮤지컬 사회학

05

귀가
친숙하다

1971년 미국 뉴욕 브로드웨이에서 〈지저스 크라이스트 슈퍼스타〉가 개막을 앞두고 있을 무렵, 거리는 시끄러웠다. 기독교인들은 '예수를 비하했다'며 데모를 했다. 하지만 관객은 아랑곳하지 않고 극장을 찾았다. 무엇보다 그들은 뮤지컬에 나오는 노래가 무엇인지 익히 알고 있었다. 이미 딥퍼플의 보컬리스트 이언 길런이 불러 화제를 모았던 앨범 '지저스 크라이스트 슈퍼스타'가 1년 전에 발매됐기 때문이다. 귀에 익숙한 노래가 막상 무대에서 불리자 객석의 몰입은 더욱 뜨거웠다. 〈지저스 크라이스트 슈퍼스타〉는 빅히트를 기록하며 영국에서 날아온 신예 뮤지컬 작곡가 앤드류 로이드 웨버를 진짜 슈퍼스타로 만들었다.

뮤지컬의 노래란 무대를 통해 관객과 처음 만나는 게 상식이었다. 하지만 〈지저스 크라이스트 슈퍼스타〉의 성공은 이런 공식을 무너뜨렸다. 멋진 곡이라면 미리 음반을 내서 대중에게 친숙도를 높인 후, 이를 바탕으로 무대화를 해 파괴력을 더욱 증폭시켰다. 〈지저스 크라이스트 슈퍼스타〉 이후 웨버의 다른 작품인 〈에비타〉 〈캣츠〉 〈오페라의 유령〉 등이 이런 방식대로 올라갔다. 영국에서 공연이 먼저 올라간 뒤 미국 뉴욕으로 건너왔기에, 그 사이 뮤지컬 음반은 발매돼 미국 시장에서 유통되고 있었다. 브로드웨이 관객들은 〈에비타〉의 '울지 마요, 아르헨티나여'를, 〈캣츠〉의 '메모리'를 거의 따라 부르는 수준이었다. 대중에게 친숙한 노래가 뮤지컬에서 얼마나 폭발력을 갖게 되는가를 여실히 보여주었다.

〈노트르담 드 파리〉로 널리 알려진 프랑스 뮤지컬 역시 비슷한 방식이다. 이들 프랑스 뮤지컬은 프로시니움 공연장보단 체육관에서 공연되곤 했다. 우리나라 가수로 치자면, 김건모나 신승훈과 같은 대중가수가 무대에 섰다. 공연에 앞서 1년 전쯤 작곡은 끝나, 녹음 작업까지 마치는 수준이었다. 따라서 정식 공연이 오픈했을 때 관객은 뮤지컬의 웬만한 넘버는 알고 있었다.

친숙한 음악이 흡인력을 가진다는 사실은 어찌 보면 당연하다. 이를 가장 극대화시킨 게 바로 주크박스 뮤지컬이다. 관객은 이미 내가 알고 있는 가수, 좋아하던 가수의 노래를 듣겠다는 심정으로 공연장을 찾는다. 때때로 극장은 콘서트장을 방불케 한다. 그래서 여러 가수의 노래를 이어붙인 뮤지컬보단 한 가수의 노래만으로 엮은 뮤지컬이 일관성을 가지기에도 유리하고, 충성 팬들의 관심을 끌어 모으는 데도 적합하다.

　완성도가 다소 낮더라도 개의치 않는다. 어차피 구성의 완결성보다 관객은 '내가 듣고 싶은 음악을 충분히 들을 수 있는가'를 먼저 고려하기 때문이다. 스토리까지 찡하다면 더할 나위 없이 좋지만, 다소 떨어져도 용서가 된다는 얘기다. 퀸의 노래로 엮은 〈위 윌 록 유We Will Rock You〉가 평론가들의 매서운 질타에도 롱런할 수 있었던 이유다. 국내에서도 2011년 초연된 〈광화문 연가〉가 다소 무리한 스토리 라인에도 불구하고 계속 공연이 올라갈 수 있었던 배경이다. '소녀' '난 아직 모르잖아요' '깊은 밤을 날아서' 등은 중년 관객의 향수를 자극하기에 충분했다.

　스토리가 조금 취약해도 원곡의 힘만으로도 밀어붙일 수 있는 게 주크박스 뮤지컬이거늘, 탄탄한 구조를 가진 〈맘마미아〉는 오죽하랴. 다양한 음악적 스펙트럼에 따라 부르기 좋은 친숙한 히트곡, 여기에 맛깔스런 드라마까지 겹쳐지며 〈맘마미아〉는 한국 시장을 강타했다.

06

자동보다
수동이 낫다?

한국어판 〈맘마미아〉는 2011년 12월 1,000회 공연을 돌파했다. 2004년 초연 이후 7년 11개월만이다. 국내 대형 뮤지컬로는 역대 최단 기록 1,000회 달성이다. 1,000회까지 누적 관객은 130만명, 누적 매출액은 800억원을 기록했다. 서울을 포함해 전국 24개 도시에서 공연됐다.

여기서 잠깐. 서울 이외 지역 23개 도시에서 공연됐다? 이런 뮤지컬이 있었나? 〈맘마미아〉가 처음이다. 서울 이외 지방 공연이 가능한 곳은 대구, 부산 정도를 꼽는다. 여기에 대전 등이 추가되곤 한다. 그런데 23개 지방이라니! 놀라운 일이다.

〈맘마미아〉의 전국 투어는 2010년 5월부터였다. 약 1년간에 걸쳐 23개 도시를 돌았다.

도시	기간
경기 이천	2010년 5월 4~9일
부산	5월 15일~6월 7일
충북 청주	6월 12,13일
전북 전주	6월 19, 20일
경기 의정부	6월 25~27일
경남 창원	9월 3~5일
대전	9월 10일~10월 3일
전남 목포	10월 8~10일
경북 안동	10월 23, 24일
경기 과천	10월 30, 31일
경북 경주	11월 13, 14일
경남 진주	11월 27, 28일
광주	12월 3~5일
대구	12월 10일~2011년 1월 2일
강원 춘천	2011년 1월 8,9일
경기 고양	1월 14~16일
경기 수원	1월 21~23일
경기 군포	1월 28~30일
부산	2월 5일~13일
인천	2월 18~20일
경기 안산	2월 26, 27일
울산	3월 5~13일
충남 천안	3월 19~27일
제주	4월 1~3일

콘서트라면 전국 투어가 가능할 수 있다. 무대 설치에 큰 돈이 안 들기 때문이다. 하지만 대형 뮤지컬은 다르다. 〈오페라의 유령〉 〈캣츠〉 등이 왜 전국을 안돌겠는가. 수요, 즉 지방 관객수가 적을 수 있다는 우려도 일부 작용하지만, 근원적으론 무대 설치만으로도 상당 기간이 소요되고 비용도 나가기에 장기 공연이 아니면 수지타산을 맞출 수 없다. 그런데 〈맘마미아〉는 위 표에서 보듯 단 이틀 공연만 하고 빠져 나온 도시가 숱하다.

〈맘마미아〉 무대는 본래 심플한 것으로 유명하다. 공연할 때 큰 무대의 전환 없이 단순한 이동만 있어 돈이 별로 안 들 것처럼 보인다. 오해다. '단순한 게 가장 뛰어나다'는 말처럼 최적화된 〈맘마미아〉 무대는 100% 오토메이션이다. 보통 설치에만 최소 2주일이 소요된다고 한다. 지방 이틀 공연을 위해서 2주일 설치가 필요한 '오토메이션 무대'를 쓴다는 건, 당연 불가능하다.

그럼 어떻게? 2008년 '수동 무대'가 만들어졌다. 영국 오리지널 제작사는 한군데에서 장기 공연을 하는 게 아닌, 대한민국 지방 순회공연처럼 가뿐하게 움직이는 무대 세트에 대한 수요가 많다는 것을 간파했다. 언뜻 보면 '수동 무대'가 더 복잡할 듯 보이지만 실제는 아니다. 막상 공연을 할 때 실제 무대를 돌리는 인원이 조금 더 필요하지만, 무대를 설치하는 데는 사흘이면 족하다. 또한 관객 입장에서는 자동이건 수동이건 별반 차이가 없다.

기계화 자동화만이 세상 원리인 듯싶은 현대 사회에서 '수동'이 더 많은 사람들에게 문화 향유의 기회를 제공한다는 건 아이러니가 아닐 수 없다. 수동 무대 덕분에 〈맘마미아〉는 전국을 돌아다닐 수 있는 토대를 마련하게 됐다.

07

중년이
움직인다

'수동 무대'의 등장은 공급 측면에서 〈맘마미아〉 전국화를 가능케 한 동력이다. 공연이 성사되려면 수요도 있어야 한다. 〈맘마미아〉가 대한민국 전국을 구석구석 돌아다닐 수 있었던 데엔 지방 관객의 호응이 작용했다.

서울 이외 지방에서도 먹혔다는 건 〈맘마미아〉가 그만큼 '보편성'을 띠었다는 뜻이다. 엄연히 서울과 서울 이외 지역 간의 문화 격차는 존재하는 게 현실이다. 지방 관객은 서울 관객처럼 다양한 뮤지컬을 향유할 기회가 없다. 서울에서 대박난, 다소 난해한 뮤지컬이 지방에서도 통한다는 보장은 없다. 〈맘마미아〉는 누구나 쉽게 접하고 부담 없이 즐길 수 있는 콘텐츠라는 뜻이다.

연령대를 봐도 〈맘마미아〉는 타 뮤지컬과 다르다. 앞장에서 여러 차례 언급한 것처럼 일반적인 뮤지컬의 주 관객층은 2,30대다.

뮤지컬 사회학

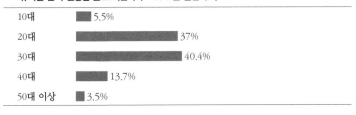

10대	5.5%
20대	37%
30대	40.4%
40대	13.7%
50대 이상	3.5%

2, 30대가 77%를 넘기는 반면, 40대 이상 중년은 기껏해야 17% 가량이다. 4배 이상 차이난다.

반면 〈맘마미아〉는 다음과 같다.

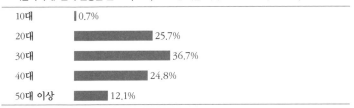

◦◦ 〈맘마미아〉 관객 연령별 분포도(2011, 2012년 서울 디큐브아트센터 공연 관객)

10대	0.7%
20대	25.7%
30대	36.7%
40대	24.8%
50대 이상	12.1%

물론 〈맘마미아〉도 2, 30대가 62%에 이르며 탄탄한 층을 형성한다. 하지만 40대도 못지않다. 무려 25%에 육박하며 20대와 비슷하다. 50대 이상도 12%에 이른다. 40대 이상이 37%를 보이며 타 뮤지컬 관객에 비해 2배 이상 많다.

무슨 얘긴가. 〈맘마미아〉가 중년 관객을 유혹했다는 얘기다. 스토리 자체가 4,50대 중년 여성을 정면으로 다룬다. 40대 들어 딸을 시집보내는 도나, 어딘지 허전하고 과거를 떠올리고 때마침 옛사랑이 등장하고 일탈을 꿈꾸고 내 인생이 뭔지 헷갈리고…… 이 나이에 접어든 모든 중년이 한번쯤 고민해 본 이야기 아니던가. 공감대가 생길 수밖에 없다.

게다가 노래도 초딩, 중딩 시절 한번쯤 들었던 음악이라 향수를 자극한다. 뮤지컬 문법도 결코 복잡하지 않다. 그렇다면 뮤지컬을 지금껏 한 번도 접하지 않았던, 그래서 어딘가 '뮤지컬 관람은 특별한 사람들이 하는 거 아닌가'라며 다소 부담스러워 하는 초보 관객에게도 쉽게 접근할 수 있었을 터. 뮤지컬 입문용으로 자리매김함에 따라 〈맘마미아〉는 전국을 공략하며 전 연령층에 어필할 수 있었다.

08

난
다른 아줌마라고!

〈맘마미아〉의 성공은 중년 관객을 타깃으로 한 뮤지컬 제작붐을 낳기도 했다. 대표적인 작품이 창작 뮤지컬 〈진짜진짜 좋아해〉, 라이선스 뮤지컬 〈메노포즈〉 등이다. 나름 인기를 끌기도 했다. 하지만 반짝 성공에 머물렀다. 왜 생명력이 짧을까.

당연히 작품의 퀄리티가 〈맘마미아〉만 못해서일 것이다. 하지만 중년 관객의 욕망을 잡아내기에 역부족이었다는 표현이 더 적확할 듯싶다.

2000년대 중반 이후의 중년 관객, 즉 4,50 세대는 과거 중년과 완연히 다르다. 이른바 베이비붐baby boom 세대다. 대한민국에서는 6.25 전쟁 이후 1955~63년에 태어난 이들을 가리킨다.

무조건 자식에게 헌신하기보다 자신에게 많은 걸 투자한다. 자아 실현 욕구가 강해지고 삶의 질을 중시하다 보니 패션, 외모, 운동,

문화생활 등에 적극 나선다. 컴퓨터 등 IT기기에도 관심이 많다.

특히 여성의 개성 추구가 뚜렷하다. 여성마케팅 전문가 마티 바레타Marti Barletta는 『사모님 마케팅Primetime Women』이란 책에서 이렇게 언급한다.

현대 중년 여성은 이전 세대 여성이 만들어 놓은 삶의 틀을 완전히 벗어버렸다. 같은 연령대의 남성보다 대학 진학률이 더 높은 세대는 이들이 처음이었다. 직장 여성이라는 새로운 모습을 선보였고, 가정의 수입에 크게 기여하기 시작했다. 자녀를 낳을 것인지, 만약 낳는다면 언제 가질지를 직접 결정하는 것 역시 이들이 처음이었다. 또한 이들은 자신의 경제 활동을 남성에게 구속 받지 않고 직접 주도하는 최초의 여성이었다. 이들은 가정과 정치, 사회의 경제 구조 속에서 여성의 역할을 완전히 바꿔 놓았다.

어설프지 않다는 뜻이다. 오히려 중년 여성이 자신을 둘러싼 사회적 통념을 과감히 벗어 던지고 자신의 욕망에 더욱 솔직해진다고 볼 수 있다고 할 수 있다. 이렇듯 과감하다면, 자기 자신을 위해 기꺼이 투자할 수 있다면 문화 소비 역시 조금 더 고급스럽고 럭셔리한 것을 찾기 마련일 터. 2004년 시작된 서울 예술의전당 '11시 콘서트'가 대표적이다. 매달 둘째 주 목요일에 주부를 대상으로 음악 공연과 해설을 곁들인 '11시 콘서트'는 폭발적인 인기를 끌며 하나의 신드롬이 됐다. 성남, 고양 등 다른 지방자치단체 예술회관에도 비슷한 프로그램이 생기는 등 확산됐다.

기왕 돈 쓰는 거, 조금이라도 나은 품질을 찾는다고 볼 수 있다. 괜히 '싼티'가 나는 걸 보러 갔다가는 오히려 스타일만 구길지도 모를 일. 뮤지컬 〈맘마미아〉는 그 경계점을 절묘하게 포착해 낸 셈이다. 내용은 누구나 즐길 수 있는, 입문용이지만 무대 등 외양은 고급스러움을 놓지 않아 돈 있는 중년 여성 관객의 절대적 지지를 이끌어 내며 작품의 전국화와 롱런이라는 두 마리 토끼를 잡을 수 있었다.

09

관객,
흥에 취하다

〈맘마미아〉의 또 다른 재미는 바로 커튼콜이다. 막이 내리면 출연진이 우르르 나타나 삽입곡 '맘마미아'를 부른다. 이윽고 세 명의 여주인공 도나, 로지, 타냐가 무대복으로 갈아입고 등장해 '댄싱퀸'을 불러 분위기를 한껏 추켜올린다. 그리고 마지막, 도나가 "오늘 한번 놀아볼까요?" 라는 말에 관객은 용수철처럼 자리를 박차고 일어나 신나게 흔들어댄다. 앙코르곡 '워터루'에 맞춰 흡사 콘서트장을 방불케 한다.

이건 사건이었다. 점잖은 예술의전당에서 관객들이 일어나 엉덩이를 흔들다니. 전혀 낯선 풍경에, 2004년 당시 신문 문화면은 이 사진을 대문짝만하게 싣곤 했다.

한국 관객은 가만히 보는, 완상玩賞으론 성에 차지 않는다. 동참해야 직성이 풀린다. 그만큼 흥도, 끼도 많다. 그렇게 좋은 노래 실컷 들게 해주고도 〈맘마미아〉가 관객을 그냥 돌려보냈다면 어딘가 2% 아쉬웠을 게다. 그걸 마지막에 일으켜 세워 멍석을 제대로 깔아줬으니 어찌 신나지 않았으랴.

사실 이전까진 관객을 일어나게 하는 건, 그것도 대형 공연장에서 그러는 건 금기 항목이었다. 고급 공연의 향취를 훼손시키는 것처럼 보였다. 그걸 〈맘마미아〉가 깨뜨렸다. 개연성이 있다면, 아무리 비싼 공연이라도 한국 관객은 함께 몸을 싣고 빠져들긴 원했던 것이다. 〈맘마미아〉 이후 관객 동참형 커튼콜은 하나의 유행이 됐다.

2000년대 후반 서울 예술의전당에 유럽 유명 피아니스트가 내한 공연을 가졌다. 그는 코리아라는, 이 아시아의 변방에서 공연하는 걸 썩 내켜하지 않았다. 막상 공연 뒤엔 흡족해했다. 눈물까지 보였다고 한다. 모든 관객이 일어나 어깨춤을 추며 계속해서 박수치는 모습에 감격한 것이다. "이들이 내 음악을 이토록 이해하다니, 놀랍다"라고 했다고 한다. 하지만 그가 하나 놓친 게 있다. 정말 한국 관객이 그를, 그의 음악을 좋아했던 것일까. 그랬다면 끝나고 난 뒤 그의 음반이 날개 돋친 듯 팔려 나가야 하건만, 매장은 한가했다. 혹시 한국 관객이 아티스트가 아닌, 자기 흥에 취해 자기 모습과 그 순간에 빠져 있었던 것은 아니었을까. 그 아티스트가 누구이건 상관없이.

그게 한국인이다. 자기를 드러내고 싶어 하고, 개입하고 싶어 한다. 그저 주어진 정보나 정서를 넙죽 받아먹는 것으론 어딘가 아쉬워한다. 조금 부족하더라도 자신의 의견을 떠들고 싶어 하고 자기가 어떻게 느꼈음을 알리고 싶어 한다. 빠르게 진화하고 있는 인터넷이나 SNS도 단지 IT기술의 발전만으론 설명할 수 없는 한국인의 기질 덕이다. 그 욕구를 정확히 포착해 맘껏 분출할 수 있도록 한 것도 뮤지컬 〈맘마미아〉 롱런의 숨은 비결이었다.

6장

영희는
왜
〈헤드윅〉을
301번
봤을까

마니아의 정체성

일문일답
첫 번째

"도움이 될까 모르겠어요. 예전엔 툭 치면 나왔는데…… 지금은 감정이 그때 같지 않아서."

김영희(가명) 씨. 77년생이다. 뮤지컬 〈헤드윅〉을 유독 많이 본 사람 중 한 명이다. 그와의 인터뷰는 2012년 2월 진행됐다. 그는 서류 가방을 하나 갖고 왔다. 거기엔 〈헤드윅〉과 관련된 각종 자료가 있었다.

〈헤드윅〉을 언제 처음 보셨죠?

(자료를 뒤적이더니) 2005년 4월 12일. 조승우(헤드윅), 이영미(이츠학)가 첫공이었네요.

그때 4명이었죠?

조승우, 오만석, 김다현, 송용진. 멤버 좋았네요.

지금까지 전부 몇 번 보셨죠?

284번인가 283번인가 조금 헷갈리네요. (2012년에 10번 더 봤고, 2013년엔 7번 더 봤다고 한다. 그래서 그의 〈헤드윅〉 관람회수는 2013년 말까지 총 301번에 이른다.)

왜 이렇게 많이 봤어요?

그러니깐요. 처음 시작할 땐 이렇게 볼 줄 몰랐는데…… 창피해요. 이상하시죠? 일반인들이 보기엔 미쳤다고 하겠지만 저희끼린 어느 정도 이해하는데.

저희?

예. 우리 '헤드헤즈'(헤드윅 팬클럽)요. 그중에서도 친한 사람.

헤드헤즈가 몇 명이죠?

한창때는 2만 명까지 갔어요. 지금은 활동 안 하지만.

주로 활동하는 분은 몇 명인가요?

홈페이지는 기획사에서 관리했고. 글쎄요, 제가 영화와 콘서트 상영회를 한 적 있어요. 그때 200명 너끈히 넘었어요. 그렇게 따지면 활동성이 강한 골수 '헤드헤즈'는 200명가량. 그래도 저와 친한 10여 명이 핵심이었죠.

핵심이었다는 건 어떻게 구분하죠?

우선 사이트에 글 올라오는 횟수가 다르구요. 표 양도할 때 얼마나 좋은 좌석을 갖고 있느냐도 중요하고. 출연진과 기획사와의 친밀도. 그건 그냥 생기는 게 아니거든요. 연륜이랄까, 그런 게 필요하니깐. 나름 자부심도 강하죠. 우린 특정 배우만을 바라보는 '헤드헤즈'가 아니다라는.

그럼 10명은 다 여자인가요?

다 여자에요. 남자가 끼기 힘들어요. 한번은 저희 카페에 남자분이 있었는데, 이 공연이 보수적인 사람이 보기 힘들잖아요. 그래도 그 남자분은 이상하게 보였어요. 참 아이러니하죠?

2005년 시즌 1때도 조승우가 떴나요?

그때도 유명했어요. 조승우 때문에 헤드윅 뜬 거예요. 저도 조승우 공연 두 배나 비싼 암표 사서 봤어요. 지나고 나니깐 이런 얘기하기 조금 창피한데, 사실 저 조승우 때문에 본 거예요. 심하겐 아니었지만 조승우 팬이었고, 〈헤드윅〉은 뭔지 몰랐어요.

〈헤드윅〉은 뭐가 그렇게 끌렸나요?

'소리'였던 거 같아요. 압도당했어요. 공연장도 한몫 했어요. 구질구질하고, 땀냄새 나고, 지저분하고…… 거기에 녹아들었다고 해야 할까. 전에는 연극, 발레 등 다양하게 봤는데 〈헤드윅〉을 접하면서 내 취향이 난해한 쪽으로 명확해진 거 같아요.

난해하다? 그래서 끌린다?

정확히 잘 모르니깐 자꾸 보게 되고, 이해가 안 되는데도 그리운 거예요. 어떤 때는 밥도 잘 안 먹게 되고 그랬어요. 시즌 3까진.

성향이 그렇게 올인하는 스타일인가요? 남자 친구한테도 그런가요?

원래 그렇지만 이건 애인보다 더 하죠. 남자친구랑은 주고받잖아요. 그런데 이건 일방적이죠. 무조건적으로 보기만 하고, 베풀기만 해야 하고. 그래도 외롭진 않았어요.

외롭지 않다, 이 표현 센데요.

감정적으로 오는 게 있으니깐요. 호흡하는 게 좋았어요. 공연장 작잖아요. 숨소리까지 느껴지는 게 마치 연애하는 거 같았어요. 그땐 우리 10명 아무도 애인 없었어요. 필요 없었으니깐요.

시즌 1때 몇 번 봤어요?

잘 모르겠어요. 시즌 3때 100번 채웠구요, 시즌 2때는 거의 매일 봤어요. 그땐 회사 안 다녔어요.

〈헤드윅〉 때문에 회사 안 다닌 건 아니죠?

〈헤드윅〉 때문이에요. 창피하죠. 그런데 그때 그랬어요. 〈헤드윅〉을 안 보면 살 수가 없는 거예요. 미쳤던 거죠.

정리하면 조승우 때문에 〈헤드윅〉을 보기 시작했는데, 어느 순간 〈헤드윅〉 자체로 넘어갔다?

그런거죠. 조승우를 선망해서 〈헤드윅〉을 봤는데, 어느 순간 〈헤드윅〉에 빠진 거예요. 시즌 1 끝나고였던 것 같아요. 공연 중이 아니라 안 할 때 빠진 거죠. 안 보니깐 머릿속에서 떠나질 않는 거예요. 너무 보고 싶고. 그래서 시즌 2 시작할 때 만사 제치고 보러 간 거 같아요. 저 그때 〈헤드윅〉에 안 빠졌으면 결혼했을 거예요. 그거에 빠져 있으니 남친이 필요 없는 거죠.

일문일답
두 번째

하루에 세 번 본 적도 있지 않나요?

날짜는 정확히 기억 안 나고요, 딱 한번 있었어요. 낮 공연, 저녁 공연, 심야 공연 이렇게 세 번 봤죠. 본 횟수를 100번 채운 게, 가만있자(자료를 뒤적이더니)…… 여기 있네요. 2007년 2월. 시즌 3 시작할 때인 걸로 기억해요. 너무 뿌듯했어요. 뭔가 이룩한 거 같고. 〈헤드윅〉 공연 500회를 할 때는 관객한테 떡도 돌렸다니깐요. 그것도 막 눈치 보면서, 제작사한테 허락받아가면서. 어디서 그런 정성이 나왔는지.

이야기 톤이 과거형이네요.

배신이죠 지금은. 김동완 나왔을 때 10번도 안 봤어요. 그건 우리가 버렸다는 거예요. 어떻게 〈헤드윅〉을 이렇게 망쳐 놓을 수가 있어요. 이젠 오히려 담담해요. 감정이 잘 살아나질 않아요. 만약에 한창 좋았을 때 기자님 만나서 얘기했으면 훨씬 신나서 떠들었을 거예요. 하지만 지금은 아니에요. 그냥 옛사랑 같다고 해야 할까, 잊은 지 오래 됐어요. 시즌 3때도 거의 매일 봤어요.

회사를 그만두면서까지 봐야 했나요?

제가 외식업체에서 일했거든요. 시간이 들쑥날쑥 이에요. 일주일 단위로 스케줄 짜기가 힘들어요. 게다가 좋은 좌석 티켓도 언제 나올지 모르거든요. 그럼 그만둬야죠. 음, 돌이켜보면 엄청난 연애였던 거죠. 미치도록 좋아했던 거죠. 아마 진짜 연애를 이렇게 했으면 남친이 부담스러워 도망갔을 걸요. 일방적이라 오히려 마음이 편했을지도 모르겠어요.

그런데 어떤 면에서 배신이란 말을 쓰는 거죠.

저를 비롯한 핵심 3명은 외부에다 글도 안 남겼어요. 왜 조금 알면 막 아는 체하고, 잘난 체하고, 문제점 지적하고 그러잖아요. 우린 그게 싫었어요. 애인 깎아내리기 싫은 심정이었어요. 우리끼린 모여서 슬쩍 얘기해도 외부에다간 안 떠든 거죠. 티는 내지 않지만, 조용히 움직여서 '헤드헤즈'를 이끈다는 자부심이랄까. 우리가 이렇게 이끌어서 이만큼 〈헤드윅〉 붐을 일으켰다는. 그런데 시즌 4때 강남으로 가잖아요. 캐스팅도 바뀌고, 〈헤드윅〉이 대중적인 공연이 아닌데, 장소와 등장인물을 대중적으로 바꾸면 본질이 훼손되니깐요. 그걸 위해 이토록 뛴 게 아닌데, 갑자기 뒷방 노인네 취급 받는 느낌이랄까. '아 제작사가 우릴 버리는구나' 했어요.

배우별로 거의 다 봤으니, 특징도 알겠네요.

김다현은 귀엽고 사랑스러웠어요. 어쩌면 〈헤드윅〉을 통해 가장 성장한 배우가 아닐까 싶어요. 송용진은 스탠다드형, 기본기가 단단한 거죠. 엄기준은 무거웠어요. 그런 스타일 제가 좋아하거든요. 여운이 있는, 슬픈 헤드윅이었어요.

어떤 배우가 가장 좋았나요?

이석준이요. 뭐랄까, 사랑이 완성됐다고 해야 할까. 시즌 1 끝나고 사랑에 빠졌다면, 시즌 2 끝나고는 정말 식음을 전폐했어요. 연인이랑 헤어진 심정이었어요. 스트레스만 받고, 정신 못 차리고…… 그러니 시즌 3가 개막하길 얼마나 고대했겠어요. 그 첫공을 이석준 씨가 했어요. 그때 엄청 울었거든요. 이런 거 같아요, 시즌 1때는 첫 눈에 반하고, 시즌 2때 열정적인 사랑을 나누다, 시즌 3에서 비로서 사랑의 결실을 맺으며 안정적인 단계로 접어드는 거. 돌이켜보면 후회가 없어요. 교감을 했고, 수혜자라고 할까. 화답 받았거든요.

화답이라뇨?

배우 좋아하는 분들, 대개 일방적 사랑에서 그치잖아요. 딴 배우 좋아했던 팬은 저 무척 부러워했어요. 이석준 씨가 맨 처음에 제 이름 알아봐 주셔서 너무 신났거든요. 그 다음엔 공연할 때 제 쪽으로 손 흔들어 주시고, 사인할 때 감동적인 멘트 남겨 주시고…… 사랑 받는 느낌이었어요. 한번은 쪽지도 써 주셨어요. 정말

뮤지컬 사회학

진심이 흠뻑 묻어나는 글이었어요. 이토록 나를 배려해 주시다니, 제가 지금도 소중히 간직하고 있어요.

그 이상의 감정은 없었나요? 따로 만난다거나.

글쎄요. 없었던 거 같은데요. 〈헤드윅〉을 하는 이석준을 좋아한 거 같아요. 이석준 씨가 딴 공연 할 때도 몇 번 갔는데, 그런 느낌 안 들었거든요.

아니 그럴 수가 있나요, 〈헤드윅〉을 그토록 좋아하는데, 〈헤드윅〉을 한 배우 개인한테는 별다른 감정이 안 생긴다?

그러게요. 어쩌면 배우라는 실체가 아닌, 〈헤드윅〉이라는 무형에 빠진 거죠. 신격화? 이석준 씨가 제게 쪽지 보내주고, 챙겨 주신다는 느낌 받았을 때 마치 은혜 받은 기분이었거든요. 너무 충만했어요. 그걸로 보답을 충분히 받은 기분이었어요. 그러고 보니 신격화 맞네요.

돈도 많이 썼겠어요.

그렇죠. 보통 한번 볼 때 4만원 든다고 보면, 100번 보면 400만원, 200번 보면 800만원이니. 그런데 이토록 좋아하고 사랑하는데 어디 돈으로 환산이 되겠어요. 전 누가 돈 얼마 썼냐, 혹은 몇 번이나 봤냐고 물으면 너무 싫어요. 수치화로 표기하기엔 제 진심이 너무 크니깐요. 친구들이 돈을 왜 거기에 그렇게 쓰냐고 하면 전 이렇게 얘기해요. '너희들이 열흘 유럽 여행 갈 돈으로 난 몇 년간 너무 행복했다고, 그러면 되는 거 아니냐고'요.

이 정도면 〈헤드윅〉이 인생의 전환점이 된 거 아닌가요?

취향, 태도 이런 거 바꾼 거 맞구요, 제 인생 전체를 흔들었죠. 그런데 조금 후회도 있어요. 한창 빠져 있을 때는 너무 달콤하고 좋았지만, 그게 과연 맞나 싶어요. 그 나이 때 어쩌면 결혼을 하는 게 정상이잖아요. 그런데 〈헤드윅〉에 빠져 있을 때는 너무 좋으니깐 결혼 안 해도 돼, 그랬구요, 경제관념도 없고. 남친 필요 없는 건 당연하고, 친구관계도 멀어졌어요. 너무 다르니깐. 공통분모로 할 얘기가 없으니깐. 겉으론 '그래, 너희들처럼 난 구질구질하게 살지 않고 윤택해'라고 위안했지만 속으론 불안감이 컸죠. 지나치게 사랑에 빠진 후유증이랄까.

〈헤드윅〉이
뭐 길래

　〈헤드윅〉이 어떤 작품이길래 김영희 씨는 300번 넘게 봤을까.
단지 이 여성이 이상하다고 치부하기엔, 김영희 씨처럼 〈헤드윅〉에
빠진 사람이 여럿 있었던 걸 보면, 〈헤드윅〉이란 물건 범상치 않음
이 분명하다.

　작품의 원제는 'Hedwig and the Angry Inch'. 헤드윅과 화난
일인치 정도 되겠다. 스토리는 이렇다. 1961년, 동독 베를린에 엄마
와 단 둘이 살고 있는 소년 한셀이 있었다. 그는 소심하고, 여자 아
이처럼 예뻤다. 비좁은 아파트에서 유일한 낙은 라디오를 통해 데
이비드 보위, 이기 팝 등의 록 음악을 듣는 것. 그러던 어느 날 미
군 병사 루터가 그에게 다가 온다. 그러곤 여자가 되는 조건으로 결
혼을 제의한다. (이런 미친 놈!) 암울한 현실을 도피할 수 있는 방법
으로 생각한 소년은 헤드윅으로 개명하고 과감히 성전환 수술을

받지만, 싸구려인 탓에 수술은 실패한다. 그의 성기에 일인치의 정체모를 살덩어리를 남긴 채. (그래서 화가 난 일인치가 제목으로 쓰인 것)

헤드윅은 루터와 함께 미국으로 건너가지만, 루터는 곧 그를 버린다. 혼자 남겨진 헤드윅, 그는 음악을 통해 새 출발을 꿈꾼다. 화장을 하고, 가발을 쓰고, 밴드를 조직해 변두리 바를 전전한다. 어느 날 헤드윅은 16세의 어린 소년 토미를 만나 사랑에 빠지고, 록 음악을 가르쳐 준다. 하지만 토미 또한 헤드윅의 성기에 놀라 떠나간다. 대신 그가 만든 곡으로 토미는 세계적인 록 스타 반열에 오른다. 그렇게 잊혀질 것 같던 헤드윅은 어느 날 토미와 재회를 하고, 그 순간 교통사고가 일어나면서 둘의 관계, 그리고 헤드윅의 기구한 운명이 세상에 알려진다.

어찌 보면 평범할 지도 모르는 이야기지만, 작품은 다소 역순이다. 처음 시작을 교통사고가 일어나는 순간으로 잡는다. 철저히 헤드윅의 독백에 의존한다.

〈헤드윅〉이라면 빠뜨릴 수 없는 인물이 바로 존 카메론 미첼이다. 대본을 썼고, 연출을 했고, 무엇보다 오리지널 캐스트다. 헤드윅을 연기했다는 거다. 작품은 우연히 시작된다. 1994년 그가 LA에서 뉴욕으로 가는 비행기 안에서 옆자리에 앉은 청년이 파스빈더의 책을 읽는 것을 보고 대화를 시작한 게 출발이었다. 옆자리에 앉은 청년은 훗날 〈헤드윅〉의 작곡자이자 밴드를 이끈 스티븐 트래

스크. 이렇게 의기투합한 둘은 성정체성을 주제로 하면서 드랙퀸으로 분장한 한 명의 배우가 직접 노래를 하면서 드라마도 가미하는 공연을 만들기로 해 〈헤드윅〉이 탄생하게 된 것이다.

　처음 무대가 오른 것도 이례적이었다. 한 때 매춘이 횡행하던 뉴욕 허드슨 강 주변, 호텔 리버뷰의 허름한 연회장이었다. 이 호텔은 타이타닉 침몰 사건의 생존자들이 묵었다는 것으로 알려졌는데, 밤이 되면 매춘부들이 등장하는 이 쾌쾌하고 수상쩍은 공간이 〈헤드윅〉을 하기에 안성맞춤으로 판단했던 거다. 예상은 적중해 1998년 2월 14일 막을 연 공연은 대성공을 거두었고, 마침내 작품에서 언급했던 데이비드 보위가 직접 공연을 보기도 했다. 마돈나까지 관람자로 이름을 올리며 뮤지컬 〈헤드윅〉은 이전엔 볼 수 없었던 컬트 뮤지컬의 대명사로 확실히 자리매김하게 된다.

04

부추기고
조직하라

한국에서는 2005년 4월에 초연했다. 4명이 〈헤드윅〉에 발탁됐다. 조승우, 오만석, 송용진, 김다현. 당시는 조승우가 국내 뮤지컬계 1인자로 서서히 부상할 때였다. 2004년 〈지킬앤하이드〉로 스타 시스템이 뮤지컬계에도 처음 가동될 수 있음을 확인시켜 준 데 이어, 2005년엔 영화 〈말아톤〉이 대박을 치면서 전국구 스타로 부상했다. 티켓 오픈하자마자 그의 출연분이 매진 사례를 빚은 건 당연했다. 이때부터 누구 출연분이 몇 분만에 매진됐다는 식의 보도가 일반화되기 시작했다고 볼 수 있다. 특별히 홍보와 마케팅이 필요하지 않았다.

하지만 막상 공연이 시작되고 세간의 주목을 받은 건 오만석이 있다. "조드윅(조승우가 하는 헤드윅) 보러 갔다기 오드윅(오만석이 하는 헤드윅)에 반한다"라는 말이 유행처럼 번졌다. 당시 가능성 있는 배우로만 알려진 오만석은 이 작품으로 2005년 한국 뮤지컬대상 남우주연상을 받는 등 일약 최고 뮤지컬 배우 반열로 올라섰다.

오만석이 부상한 데엔 사실 제작사 '쇼노트'의 정교한 마케팅도 한몫했다고 볼 수 있다. 조승우 출연분 티켓이 이미 다 팔린 상태에서 더 이상 그를 활용한 홍보는 티켓 판매와는 연관이 없었다. 그렇다면 조승우 말고 딴 배우가 잘한다는 것에 강조점을 둬야 했고, 그 전략에 오만석이 부합한 셈이었다.

이렇게 시작된 〈헤드윅〉 한국 공연은 이후 2013년까지 정식 공연으로만 시즌 8을 맞게 됐다. 지방과 이벤트성 공연까지 합치면 1,400회가 넘는 공연 기록을 보유중이다. 누적 공연 관람객수가 35만명을 넘어섰고, 평균 유료 객석 점유율은 80%를 넘긴 상태다. 한마디로 소극장 뮤지컬로는 스테디셀러로 확고한 입지를 다졌다.

〈헤드윅〉이 롱런을 한 배경엔 당연히 위에서 인터뷰를 한 김영희(가명) 씨와 같은 뮤지컬 마니아들의 전폭적인 지지가 초석이 됐다. 〈헤드윅〉은 국내 뮤지컬 작품으로는 이례적으로 팬클럽이 생겼는데 이름하여 '헤드헤즈'다. 2012년 현재 회원수 2만 2,000여명에 이르러 작품 팬클럽으론 최다 회원을 보유중이다. 이들의 '보고 또 보고' 관람에 의해 〈헤드윅〉이 생명력을 이어 올 수 있었던 것은 자명하다.

	기간	공연장	출연배우
시즌1	2005년 4월 12일 ~6월 26일	대학로 라이브극장	김다현 송용진 오만석 조승우
시즌2	2005년 11월 1일 ~2006년 2월 26일	대학로 라이브극장	김다현 송용진 엄기준
시즌3	2006년 10월 14일 ~2007년 5월 13일	대학로 씨어터SH	김다현 김수용 송용진 이석준 조정석 조승우(2007년 2월부터 합류)
시즌4	2008년 6월 27일 ~2009년 1월 11일	KT&G 상상아트홀	송용진 이석준 이주광 조정석
시즌5	2009년 11월 14일 ~2010년 2월 28일	KT&G 상상아트홀	송용진 송창의 윤도현 윤희석 최재웅
시즌6	2011년 5월 14일 ~8월 21일	KT&G 상상아트홀	김동완 김재욱 조정석 최재웅
시즌7	2012년 8월 11일 ~10월 28일	KT&G 상상아트홀	박건형 오만석
시즌8	2013년 6월 8일~9월 8일	백암아트홀	손승원 송창의 조승우

여기서 잠깐. '헤드헤즈'가 단지 마니아들에 의해서만 활성화된 것일까. 아니다. 제작사의 치밀한 협조가 있었기에 가능했다. 맨 처음에 '헤드헤즈'란 타이틀을 내건 건 팬들의 자발적 힘이지만, 촉매제를 한 건 제작사였다. 이들이 열심히 봐 줘야 수익을 내기 때문이다. 일종의 단골손님 관리인 셈이다.

이를 위해 우선 '헤드헤즈'에만 독점적인 정보를 제공했다. 이를테면 백스테이지에서 어떤 일이 벌어지는지, 팬들이 관심 가질 만한 글이나 혹은 동영상을 '헤드헤즈' 홈페이지에 주기적으로 올렸다. '헤드헤즈'만을 위한 단체 관람 행사도 열었는데, 이때엔 어느 공연에서도 볼 수 없는 특별한 팬서비스가 제공됐다. 예를 들면 오만석이 헤드윅으로 나오는데 깜짝 게스트로 송용진이 출연한다거나, 김수용이 이츠학으로 잠시 연기한다는 식으로 말이다.

여러 번 보는 관객을 위한 서비스도 이어졌다. 마치 스타벅스에서 10번 사면 한번 무료로 커피를 제공하듯, '퀵다방'이란 쿠폰을 만들어 10번 보면 한번 공짜로 보게끔 해주었다. 중복 관람객이 많기에 가능했고, 이를 통해 얼마나 많은 이들이 중복 관람을 하는지도 체크할 수 있었다. 제작사 '쇼노트'에 따르면 2012년 6월까지 10번 이상 본 관객은 700여명, 100회 이상 관람자는 76명, 300회 이상 관람객은 22명에 이르는 것으로 조사됐다. (30번이 아닌, 한 작품을 300번을 넘게 보는 관객이 있다는 얘기다!) 이들의 무한 애정 덕분에 〈헤드윅〉은 한국 소극장 뮤지컬의 새로운 흥행 공식을 써내려갈 수 있었다.

05

배신인가,
변화인가

〈헤드윅〉은 2007년 시즌 3을 끝내고 공연장을 옮긴다. 서울 대학로에서 삼성동으로다. 강북에서 강남으로 이전은 단순한 이동이 아니다. 콘셉트의 변화다.

제작사는 〈헤드윅〉의 대중화를 원했다. 시즌 3까지 〈헤드윅〉을 추동한 마니아 그룹에만 의존해서는 공연의 롱런이 한계가 있을 것으로 봤다. 이건 모험이었다. 왜냐하면 이미 시즌 3까지 〈헤드윅〉은 유료 점유율 80%를 훌쩍 넘기는 안정적인 콘텐츠였기 때문이다. 잘 나가고 있을 때 변화를 선택하는 게 때로는 과감한 선택일 수 있지만, 자칫 무모한 도전으로 끝날 수도 있었다.

또 다른 제작진은 이런 말도 했다. "'보고 또 보는' 관객이 고맙지만, 너무 보다 보니 너무 전문가가 되신 거죠. 그래서 이젠 아예 연출을 하시더라고요. 이렇게 만들어라, 저건 아니다, 내면을 제대로 포착 못 했다 등등. 게다가 캐스팅에도 개입하려 들고, 배우 출연 일정에 대해서도 말이 쏟아지고…… 아 이러다 마니아에게 너무 끌려 다니는 거 아닌가, 변화를 주어야 하는 거 아닌가 싶은, 일종의 절박함도 나름 있었어요."

삼성동 KT&G 상상아트홀이었기에 변경이 가능했다는 설명도 있다. 〈헤드윅〉은 이상하게도 2층에서 관람하기 영 불편한 작품이다. 헤드윅의 표정과 움직임 등은 위에서 봐서는 잘 전달되지 않는다. 대학로에서 2층 관람의 불만은 계속 있었다. 그런데 KT&G 상상아트홀은 1층만 객석(380석)이 있고, 2층은 없었다. 최적의 조건이었던 셈이다.

2008년 시즌 4가 개막되자 변화는 빠르게 불어왔다. 보는 스타일이 달라졌다. 과거엔 여성 마니아들끼리 왔다. 주차가 불가능하니까 대부분 '뚜벅이'족이었다. 반면 강남 공연장은 주차가 가능했다. 차를 끌고 오는, 남녀 커플 관객이 꽤 적지 않았다. 게다가 강남 공연장인 탓에 주변 직장인들이 단체로 오는 경우도 있었다. 관객의 변화였다. 마니아가 아닌, 이른바 일반인 관객이 증가한 것이다.

'헤드헤즈'를 주축으로 한 마니아들이 등을 돌리기 시작하는 것도 이 즈음이다. 논리는 이랬다. "〈헤드윅〉은 공간이 중요하다. 공연장과 딱 부합하는, 어딘가 퀴퀴하고 음습한 기운이 감돌아야 본래 메시지와 캐릭터가 제대로 살아난다. 그런데 강남 공연장은 지나치게 깔끔하다. 〈헤드윅〉의 본질을 퇴색시키는 거다."

무명 배우가 잇따라 캐스팅되는 것도 불만이었다. 여기에 시즌 6때 그룹 '신화'의 김동완이 출연하는 건 불을 붙인 격이었다. "최악의 캐스팅" "아이돌이 어찌 밑바닥의 정서를 담아낼 수 있는가" 등 격한 반응이 쏟아졌다.

이런 반응의 이면엔 배신감이 크게 작용한 것으로 추정된다. 무명의 작품을, 지금껏 일반인들이 외면하던 뮤지컬을 살뜰히 보살피며, 수십 번 보면서 실컷 키워 놓았더니 훌쩍 자신의 품을 떠나는 게 뒤통수를 맞는 기분이었을 터다. 많은 사람들 입맛에 맞추면서 고유한 색깔이 사라지는 게 그들로선 '타락'이라고 여겨졌을 게다.

제작사 입장에서 봤을 때 결과적으로 〈헤드윅〉의 강남행은 성공이었다. 흥행적으로 보았을 땐 그랬다. 시즌 3때까지 대학로 극장보다 객석수가 60~80석 가량 늘었으나 여전히 유료 점유율은 80%을 넘겼다. 티켓값도 4만 5,000원에서 5만원 이상으로 높인 것을 고려하면 더욱 그렇다. 과거에 비해 충성도 높은 관객은 급격하게 줄었지만, 대신 지금껏 뮤지컬을 접해 보지 않던 일반인들을 새롭게 끌어들이며 관객 다변화에 연착륙한 셈이었다. 〈헤드윅〉의 관람 주도권이 마니아에서 일반 대중으로 넘어가고 있었다.

06

모호하고
섹시하다

마케팅을 잘하고, 배우가 멋있고, 이런저런 장치가 있다 해도 100번을 넘게 보는 열혈 팬이 수십명, 수백명씩 있다는 건, 쉽게 범접하기 힘든 독특한 무언가가 있다는 증거일 터. 팬을 정신없게 만드는 〈헤드윅〉의 마력은 무엇일까.

첫 번째 이유는 〈헤드윅〉의 모호성이다. 위에서 언급했듯 헤드윅은 불우한 트랜스젠더의 개인적 사생활을 토대로 하고 있다. 그런데 그 스토리를 연대기 순으로 하는 게 아니다. 헤드윅의 모놀로그 형식으로, 시작부터 자신이 어떻게 세상에 알려지게 됐는가를 얘기하기 위해 교통사고를 언급한다. 그리곤 어릴 적 아픔, 어머니, 토미, 첫 남편 루터 등을 훌쩍훌쩍 건너다닌다. 그냥 사건과 에피소드만 떠들고 노래하는 게 아니라 헤드윅의 감정, 의식, 고통과 함께 버무리게 된다. 일종의 수다랄까. 우리가 원래 그렇게 얘기하지 않나. 정돈돼서 기승전결로 완벽한 구조를 갖고 얘기하는 게 아닌, 불현듯 무언가 떠오른 것들을 섞어가는 거 말이다. (물론 작품은 이런 우연까지도 적절히 구조화시켰겠지만.)

그래서 처음 보면 약간 헷갈린다. 사실 전반적인 정서는 와 닿지만 정확히 무슨 얘기인지는 잘 모른다. 그래서 또 보게 된다. 볼수록 내가 지금껏 파악하지 못했던 헤드윅의 속내를 하나둘씩 알게 되는 것 같아 반갑다. 극작가 존 카메론 미첼은 헤드윅의 입을 빌어 자신이 하고 싶은 얘기를 툭툭 던진다. 그리스 철학, 1970년대 게이 록커의 음악, 젠더에 대한 나름의 견해, 기독교 원리와 세계 정치 질서, 심지어 인간의 근원까지. 폼 잡을 거 다 잡는 셈이다. 작품 하나 보고서 얼추 교양이 축적되는 느낌이 들 수밖에 없다. 자신이 몰랐던 내용은 집에 가서라도 한번쯤 사상 서적이나 역사책을 들추어 보고픈 마음이 들게도 만든다.

이런 현학적인 내용, 무슨 말인지 확연하지 않은 애매함으로 더 궁금증을 유발시키는 게 중복관람을 자극시키는 요소다. 만약에 너무 뻔해, 단박에 알아버리는 내용이라면 누가 또 보고 싶겠는가. 마치 난수표를 해독하듯, 얽히고설킨 내용을 한 꺼풀씩 벗겨내는 재미가 쏠쏠하다. 중독성이 강하다는 말이 절로 나온다.

몇 번 보았는가를 놓고 주변에 과시하는 모습도 심심치 않게 보인다. "〈헤드윅〉 몇 번 봤니. 24번? 음, 나도 그땐 A까진 들렸어. 그런데 그게 다가 아니더라고. 앞으로 20번 정도 더 봐봐. 그럼 C까지 알게 돼"라는 식으로 말이다.

　물론 난해하기만 해서 반복 구매가 형성되는 건 아니다. 모호성은 필요조건이지 충분조건은 될 수 없다. 공연은 학문이 아니다. 뭔가 끌림이 있어야 한다. 100번 넘게 보는 관객은 한 명의 예외도 없이 여성이다. 아무리 뮤지컬 주관람층이 여성이라도 이런 넘쳐나는 애정을 어떻게 설명해야 할까.

　〈헤드윅〉의 남성 출연자는 섹시하다. 그것도 몹시. 여성스럽게 치장을 하고, 콧소리를 내며, 살짝 벗어준다. 그리고 몸을 오묘하게 흔든다. '교태미'의 절정이다.

　남성 상품화는 최근 대중문화 콘텐츠의 일반적 현상이다. 하지만 〈헤드윅〉은 꽤 적나라하다. 실시간으로 보여주지 않는가. 멀지도 않은, 손 내밀면 잡힐 것 같은 지근거리에서.

　우리의 일상은 멋지지 않다. 볼품없고 때로는 구질구질하지 않던가. 머리 벗겨진 직장상사는 회식자리에 끈적거리는 눈빛이나 보내고, 또래 남자들은 찌질하기만 하다. 그런데 상상해보라. 조승우나 조정석처럼 미끈한 남자가, 그것도 바로 눈앞에서, 아슬아슬한 옷을 걸치고, 골반을 휘감으며, 온갖 아양을 떠는 모습을. 그런데 그가 노래도 잘하고, 아픔도 간직해 마음도 찡해지며, 때로는 현란한 어구로 똑똑해 보이기까지 하다면, 어찌 빠지지 않겠는가.

　〈헤드윅〉과 더불어 마니아의 절대적인 지지를 받는 또 하나의 뮤지컬이 있다면 바로 〈쓰릴 미Thrill Me〉다. 유괴 사건을 둘러싼 미스터리 형식을 띄고 있다. 이 작품에서도 섹시함은 빠지지 않는 요소인데, 〈헤드윅〉이 교태미로 포장했다면 〈쓰릴 미〉는 깔끔하게 떨어지는 '수트발'에 언니들은 탄성을 내지른다. 살짝 감춘 게 아닌, 제대로 갖춰 입은 남성 주인공의 매너와 지적인 면이 어필 요소다. 〈쓰릴 미〉엔 남자 두 명만 출연하는 데, 둘 사이엔 동성애 코드도 흘러 묘한 긴장감과 훔쳐보는 관음증을 충족시켜준다.

뮤지컬 사회학

07

걸리면
죽는다

국내 뮤지컬 마니아는 도대체 몇 명일까. 우선 뮤지컬 마니아에 대한 정의부터 확실치 않다. 일주일에 세 번 이상 뮤지컬 보면 마니아? 아니면 한 작품을 50번 넘게 봐야 마니아? 애정남에게 물어볼 수도 없다. 다만 2000년대 중반에 나름 뮤지컬 마니아에 대한 분류가 있었다. 동호회가 활성화됐기 때문이다. '헤드헤즈'처럼 한 작품에 대한 열광적인 지지를 보이는 이들이 아니라, 특정 작품을 가리지 않고 뮤지컬 전반에 걸쳐 관심과 애정을 보이는 이들이 동호회라는 이름으로 온라인상에서 활발히 움직였다. 대표적인 동호회가 '오마이뮤지컬' '송앤댄스' '웰컴투 브로드웨이' 등이었다. 10여개 정도 됐다. 물론 겹치기로 회원을 등록한 이도 있고, 이름만 올리고 활동 안 하는 이도 있지만, 이들 동호회에서 후기 남기고, 뮤지컬 단체 관람 등 오프라인 모임 갖는 이들이 전형적인 뮤지컬 마니아였다. 대략 3,000명 내외로 추산되곤 했다.

하지만 뮤지컬 동호회는 2000년대 후반, 급속히 시들해졌다. 단체관람을 하려 해도 제대로 모이질 않아 단체관람 인원수를 채우지 못할 정도였다. 그 많던 마니아들이 갑자기 사라진 것일까. 아니다. 각 동호회 활동이 뜸해진 반면, 배우 팬클럽으로 마니아들이 흩어졌기 때문이다. 즉 작품이 아닌, 배우 중심의 관람 문화가 뮤지컬 소비 시장의 대세가 되면서 뮤지컬 동호회는 약화됐다.

2010년대에 들어서면 여기서도 약간의 변화 조짐이 감지된다. 배우 팬클럽 중에서도 일반 배우 팬클럽과 뮤지컬 전문 배우 팬클럽으로 분화되기 시작한다. 즉 뮤지컬 시장이 커지면서 아이돌로 상징되는 연예인들의 뮤지컬 출연 빈도가 커지면서, 이들과 대척점에 있는 뮤지컬 전문 배우를 좋아하는 팬들이 뮤지컬 마니아의 성격을 강화시켜 간다.

뮤지컬 전문 배우란, 타 매체에는 거의 등장하지 않은 채 주로 뮤지컬 무대에만 나오는 이들을 말한다. 남자배우로는 류정한, 홍광호, 박은태, 한지상 등 여자배우로는 김선영, 조정은 등이 대표적이다. 뮤지컬 마니아를 지칭하는 용어도 트렌드 변화에 맞춰 뮤지컬 오덕후(마니아를 뜻하는 일본어 오타쿠의 잘못된 한국어. 온라인상에서 주로 쓰이며 보편화됐다), 약어로 '뮤덕'이라 불리기 시작했고, '보고 또 보고' 식의 중복관람도 '회전문' 관람이라고 한다.

2012년 한국 뮤지컬 마니아의 민낯을 생생히 드러내는 두 가지 사건이 발생한다. 첫 번째는 연초에 발생한 이른바 '크레이지' 소동이다. 〈쓰릴 미〉의 연출가가 자신의 트위터에 반복 관람하는 이들을 지칭하며 '크레이지'라고 한 게 발단이었다. SNS상에서 마니아들의 집결은 기본, 성토가 이어지고 제작사에 대한 항의가 빗발쳤다. 〈쓰릴 미〉의 주 관객층이 이들인 터라 판매에도 악영향을 미쳤다. 사건은 제작사가 서둘러 사의를 표하고, 연출자를 교체함에 따라 수면 아래로 가라앉았다.

8월경에도 트위터 전쟁이 벌어졌다. 뮤지컬 〈라카지〉였다. 조연 출자가 "뮤덕에게 스태프 일을 권하고 싶다. 스태프 일을 해봐야 자신의 위치를 정립하고 나불거림을 중단할 수 있다"고 트위터에 올린 게 화근이 됐다. 진통과 후유증이 컸다. 단순히 항의, 예약취소 정도로 그치지 않고 조연출 등 관계자의 신상털기 등 인신공격이 이어졌다. 여기에 알박기(일반인들이 붙은 자리를 예매하기 힘들게끔 드문드문 한자리씩 예매하는 것)까지 행해져 제작사로선 매출에 큰 손실을 감수해야 했다.

SNS에서 비롯해 벌어진 두 사건은 뮤덕들에게 씻기 힘든 상처를 준 것임에 틀림없다. 오랜 기간 애정을 쏟은 상대방에게 배신감을 당했다고 해야 할까. 예를 들어 단골로 가는 식당이 있다고 치자. 그런데 막상 주인이 종업원에게 "저 손님, 참 웃기지 않니. 매상 올려줘 고맙지만 옷 꼬락서니 하곤…… 여튼 주제를 모르고 여길 맨날 와"라는 소리를 듣는다면 어떤 심정일까. 뮤덕의 항의는 소비자로선 충분한 자기 권리였다.

문제는 항의에서 그치지 않았다는 데 있다. 점잖게 예매를 취소하는 것만으론 화가 풀리지 않아서였을까. 신상털기는 분명한 인권 침해였고, 무엇보다 알박기는 업무방해에 해당하는, 일종의 범죄행위라 해도 무방했다. 단골 식당의 꼬투리를 잡아 공정거래위원회에 신고한다든가 쥐를 몰래 가게에 풀어 손님이 안 들게끔 하는 행동과 유사했다.

비록 제작사의 잘못으로 촉발되긴 했지만, 뮤덕의 보복성 집단행동은 한국 뮤지컬 마니아 문화의 또 다른 면모를 보여주는 결정적 계기였다. 이후 뮤지컬 제작사들이 홍보를 위해 적극적으로 권하던 SNS 활동을 오히려 금지시키는 계약 항목을 넣은 걸 보면 양측에 꽤 적지 않은 후유증을 남긴 셈이다.

08

외톨이?
나 알아줘!

왜 한국의 뮤지컬 마니아는 이토록 과격하게 된 것일까. 그 기저엔 선과 악이라는 이분법적 사고가 들어가 있다.

위에서 언급했듯 최근 뮤덕이라 불리는 이들은 뮤지컬 전문 배우를 적극 지지한다. 뮤지컬 전문 배우는 뮤지컬 무대에서는 오랜 기간 경험을 쌓아 실력이 출중하지만, 대신 방송, 영화 등 대중 매체 활동이 적은 편이라 인지도는 떨어지기 마련이다. 일반인들은 잘 모른다는 얘기다.

그 틈새를 노리고 들어오는 이들이 아이돌로 상징되는 일반 연예인이다. 가수가 많고, 배우도 꽤 된다. 그들은 유명하지만 사실 뮤지컬 실력은 떨어진다. 아무리 가수 출신이라 해도 발성에서는 차이가 제법 나고, 연기력도 미흡할 수밖에 없다. 못한다는 얘기다. 그런데 티켓은 오히려 이들이 더 많이 팔리곤 한다. 예능 프로그램에도 이들이 나가 홍보하고, 마치 자신이 주역인 양 행세한다. 이런 행태가 뮤덕들로선 꼴사나울 수밖에 없다. "실력도 형편없는 것들이 유명세만 등에 업고 나와 뮤지컬 배우님들을 찬밥 취급한다"며 현재 한국 뮤지컬 시장이 왜곡돼 있음에 분개한다.

이런 진단은 실력 있는 뮤지컬 배우가 제대로 평가를 못 받는다는, 뮤덕의 정의감을 더욱 강화시킨다. '뮤지컬 배우 = 선善이며 약자', '연예인 = 악惡이자 강자'라는 논리가 강해지면서 뮤덕은 집결되고, 신념화된다. 위와 같은 SNS상 사건에서 뮤덕이 결집해 행동하는 양상의 저변엔 '썩어 빠진 뮤지컬판을 바로잡기 위한 결연함'이 깔려 있기에 가능하다. 다소 잘못된 행동을 해도 어쩔 수 없다라는, 과도한 목적지향성 기제가 작동하는 거다.

특정 사건이 아니라 해도 한국 뮤지컬 마니아는 관계지향성이 강하다. 일본의 오타쿠들이 폐쇄적인 공간에 갇혀 혼자만의 시간을 갖는 걸 즐겨하는 것과 대조적이다. '히키코모리'라 불리는 은둔형 외톨이가 일본의 마니아 문화인데 반해 한국은 광장을 지향한다. 온라인상에서 서로의 의견을 공유하고, 자신의 의견을 강하게 표출하며 설득하곤 한다.

마니아란 기본적으로 대중적이지 않은, 독특한 자신만의 성향인 탓에 비주류성을 띤다. 외부에서 뭐라 해도 무관심한, 자기만의 세계를 구축한다. 반면 한국의 뮤지컬 마니아는 오히려 타인의 시선에 강하게 반응하는 경우가 잦다. 또한 혼자보다 여럿이 뭉쳐 집단화되곤 한다. 마니아의 기본적 성향과 다소 상반되는 경향이라 할 수 있다. 상대방을 제압하려는 행동에서는 권력지향적인 모습도 보인다.

타 장르에 비해 마니아의 영향력이 강한 건 뮤지컬의 아날로그성 때문이다. 영화는 1천만명이 보는 데 반해, 뮤지컬은 기껏해야 20만명이 소비하는 콘텐츠다. 마니아의 중복 관람이 흥행의 결정적 변수로 작용한다. 따라서 한국 뮤지컬 시장이 아무리 확대돼 간다 해도 마니아의 영향력은 일정부분 계속 유지될 것이다. 특히 소극장 뮤지컬일수록 마니아의 취향에 부합하는 콘텐츠가 롱런할 가능성이 높다.

지한파인 일본 아뮤즈그룹의 오사토 요키치 회장은 이렇게 애기한다. "한국에 갈 때마다 객석 앞쪽을 차지하고 있는 '보고 또 보는' 관객은 경이로울 따름이다. 그들이 있기에 한국 뮤지컬이 이토록 빨리 성장할 수 있었다." 정확한 진단이다. '뮤덕'은 〈헤드윅〉으로 대표되는, 숨은 보석을 발굴해 대중화의 초석을 다지기도 했으며, 뮤지컬 시장이 지나치게 상업적인 분위기로 흐를 때 중심을 잡아 주었고, 시장 확대에도 기여했다. 일부 부작용이 있긴 했지만, 한국 뮤지컬 성장 저변에 뮤덕의 무한애정이 있었음은 간과할 수 없다. 그들이 앞으로 또 어떤 양상을 보일지 주목된다.

7장

유럽 뮤지컬은
왜
한국에서
빵빵 터질까

응용력과 감각주의

유럽 뮤지컬
전성시대

2010년대 들며 한국 뮤지컬 시장의 분명한 흐름은 유럽 뮤지컬의 득세다. 이전에도 화제를 일으킨 유럽 뮤지컬이 있긴 했다. 프랑스 뮤지컬 〈노트르담 드 파리〉였다. 2005년, 2006년 연이어 공연해 흥행에 성공했고, 화제를 일으켰다. 최성희(바다)가 나온 한국어 버전도 만들어졌으며, 영어 버전 공연까지 무대에 올랐다. 시적인 가사, 가슴을 찌르는 격정적인 노래, 심플한 무대, 액터와 댄서의 구분 등 브로드웨이 뮤지컬과는 전혀 다른 질감으로 어필할 수 있었다. 덕분에 한때 프랑스 뮤지컬 붐마저 불었다. 〈로미오 앤 줄리엣〉 〈십계〉 〈돈 주앙〉 등이 연이어 수입됐다.

하지만 그뿐이었다. 〈노트르담 드 파리〉 이외엔 흥행작이 생기지 않은 탓에 연속성이 없었다. 유럽 뮤지컬의 한계인지, 아니면 영미권 뮤지컬의 장벽이 그만큼 두텁다는 반증인지 다양한 해석이

분분했다.

하지만 2010년 들면서 분위기는 영 달라졌다. 그해 초 오스트리아 뮤지컬 〈모차르트!〉가 대박을 치면서 반전이 시작됐다. 김준수의 티켓 파워 덕에 일회성 예외일 것이라는 예측도 적지 않았다. 아니었다. 이후에 올라가는 상당수 유럽 뮤지컬의 흥행 성적이 나쁘지 않았다. 2012년에 들어서는 올리기만 하면 대부분 수익을 올렸고, 오히려 브로드웨이 뮤지컬보다 때깔 좋고 음악도 낫다는 소리가 심심치 않게 들렸다. 별미가 아닌 메인 음식으로, 한국 뮤지컬 시장에서 브로드웨이 뮤지컬과 차별화된, 또 하나의 흐름을 분명히 갖게 됐다.

●● 2011, 2012 한국에서 공연된 유럽 뮤지컬

작품	기간	공연장	유료점유율(%)
삼총사	2011년 11월 3일~12월 18일	성남아트센터 오페라하우스	72.6
엘리자벳	2012년 2월 8일~5월 13일	블루스퀘어 삼성전자홀	86.3
모차르트!	2012년 7월 10일~8월 4일	세종문화회관 대극장	71.8
잭더리퍼	2012년 7월 20일~8월 25일	국립극장 해오름극장	77.5
황태자 루돌프	2012년 11월 10일~ 2013년 1월 27일	충무아트홀 대극장	81.0

참으로 특이한 일이다. 정작 유럽 대륙에서는, 자국을 제외하

곤 크게 반향을 못 일으키고, 해외로 많이 팔려나가지 못했던 뮤지컬들이 저 머나먼 아시아 동쪽 끝 한국까지 날아와 이런 대접을 받으니 말이다. 지금껏 알려지지 않은, 보석을 뒤늦게 발견한 덕일까. 아니면 누군가 장인의 손을 거쳐 더 빛을 내서일까.

뮤지컬 사회학

싹 쓸어오다

　엄홍현과 김지원. 유럽 뮤지컬을 얘기할 때 빼놓을 수 없는 이들이다. 둘은 연년생으로 엄홍현 씨가 한 살 위다. 인연은 2005년으로 거슬러 올라간다.

　이전까지 엄 씨는 이벤트 기획자였고, 김 씨는 꽤 잘 나가는 호텔리어였다. 김 씨가 '갑'이라면, 그의 주문을 받아 엄 씨가 호텔에서 다양한 행사를 주관해야 하는 '을'이었다. 그러던 둘이 의기투합한 건 2005년. '다인컬처'라는 제작사를 차리고, 투자자로 뮤지컬계 입성했다. 체코 뮤지컬 〈드라큘라〉였다.

　이미 두 차례 공연이 된 뮤지컬이었다. 두 번 다 흥행은 썩 재미를 못 봤지만 작품성만은 나름 인정받은, 저주 받은 걸작이랄까, 그런 뮤지컬이었다. 둘은 2억원만 투자하면서 살짝 발을 담그려 했는데, 그게 늪이었다. 제작에 대한 전반적인 사안을 총괄하는 상태가 되면서 걷잡을 수 없이 돈을 긁어모아야 했다. 결국 공연 끝난 뒤 15억 이상의 손실을 봐야 했고, 고스란히 둘의 몫이었다. '어 ~' 하다 자고 일어나니 어느새 사기꾼과 빚쟁이로 전락하고 말았다고 해야 할까. 고소장이 넘쳐났고, 경찰서와 법원을 자기 집처럼 드나들었다.

이렇게 주저앉을 순 없었다. 형사상 문제가 어느 정도 정리된 뒤, 둘은 2006년 체코로 떠났다. 〈드라큘라〉의 판권을 갖고 있는 파울로라는 사람을 만나기 위해서였다. 또한 〈햄릿〉이란 작품의 판권을 따내려는 목적도 있었다.

둘은 우선 파울로에게 사과하고 사정했다. "공연이 망해 판권료를 제대로 지급할 수 없어 미안하다. 하지만 꼭 성공해 다음에 보상하겠다. 그러니 〈햄릿〉을 공연할 수 있게끔 도와 달라."

어찌 보면 뻔뻔한 광경 아닌가. 이미 공연이 망해 줘야 할 돈도 주지 않으면서 딴 거 하게 주선해 달라는 꼴이. 그런데 파울로는 여기에 감복했다고 한다. "〈드라큘라〉가 한국에서 몇 번 공연된 걸로 알고 있는데, 아무도 결과가 어떻게 됐는지 알려주지 않았다. 이렇게 찾아와 솔직히 얘기해 주는 걸로 충분하다. 내가 도와주겠다"라며 선선히 협조했다는 후문이다.

어쨌든 파울로의 도움은 컸다. 그는 체코 저작권협회 이사였고, 체코 뮤지컬계 파워맨이었다. 그의 소개로 둘은 〈햄릿〉의 원작자를 만나 판권을 따낼 수 있었다. 여기서 그친 게 아니라 나머지 체코 뮤지컬, 이를테면 〈잭더리퍼〉〈삼총사〉〈클레오파트라〉 등도 모조리 판권을 계약했다. 어차피 〈드라큘라〉 말고는 해외에서 공연된 적이 없던 뮤지컬이었다. 한국에서 건너와 자기네 뮤지컬을 하겠다는 게 오히려 이상했을 수도 있고, 가욋돈이 생긴다고 좋아했을 수도 있다. 판권 계약도 무척 저렴하게 했다. 매출액을 기준으로 삼지 않고, 그저 '회당 얼마'라는 식으로 했다. 훗날 이 뮤지컬들이 한국에서 대박 행진을 쏘아 올릴지 전혀 짐작하지 못한 채.

하지만 당시로서는 두 사람도 세상을 다 얻은 듯 마냥 기뻐할 수는 없었다. 그저 체코 뮤지컬을 올릴 수 있는 자격 요건만 따낸 것일 뿐, 정작 뮤지컬을 제작할 여건은 아니었기 때문이었다. 둘은 이걸 제대로 올릴 수 있는 제작사에 넘겨주었다. 〈햄릿〉은 스펠엔터테인먼트로, 〈잭더리퍼〉와 〈삼총사〉는 엠뮤지컬컴퍼니로, 〈클레오파트라〉는 영화사 쪽으로 돌렸다. 각 작품이 올라갈 때마다 엄홍현 씨는 프로듀서로 제작에 관여하며 내공을 쌓아갔다.

김지원 씨는 이때 일본을 오가며 〈엘리자벳〉〈모차르트!〉 등 오스트리아 뮤지컬에 눈을 떴다. 일본에서는 시키와 양대 산맥을 형성하고 있는, 극단 토호가 이들 뮤지컬을 올리고 있었다. 때마침 작곡가 실버스터 르베이와 판권을 갖고 있는 비엔나극장협회BVW 관계자가 일본을 찾는다는 소식을 접하고 무작정 일본으로 건너가 이들을 만났다. 한국에서 하고 싶다는 뜻을 전했다. 르베이는 웃으며 "오스트리아 한번 오시죠"라고 했다.

승부수를 띄워야 했다. 마냥 기다리고만 있을 순 없었다. 이참에 아예 전문적인 뮤지컬 배급사로 방향 설정을 할 필요가 절실했다. 2007년 김 씨는 오스트리아로 떠났다. 돈이 없어 엄홍현 씨가 돈을 융통해 700만원을 빌려 주었고 (이 돈 때문에 엄 씨는 이후 상당기간 배를 곯았다고 한다. 둘 모두 무척 어려웠던 시절 얘기다.) 김 씨 역시 비행기 삯을 조금이라도 아낄 요량으로 비행기를 두 번이나 갈아타며 오스트리아로 건너갔다. 그렇게 한 달을 버텼고, 마침내 〈모차르트!〉 판권을 따냈다. 한국에 본격적으로 유럽 뮤지컬이 수입되는 물꼬를 트는 순간이었다.

시아준수가 아닌
김준수

둘은 우여곡절 끝에 EMK뮤지컬컴퍼니를 차리고, 2010년 뮤지컬 〈모차르트!〉를 세종문화회관에서 올린다. 캐스팅은 나쁘지 않았다. 주인공 모차르트역에 조성모, 임태경, 박건형, 박은태 등 4명이 섭외됐고, 그 밖에 민영기, 서범석, 윤형렬, 배해선, 정선아 등 실력파 뮤지컬 배우가 배치됐다.

하지만 티켓 판매는 저조했다. 파리 날리는 수준은 아니었지만, 콘텐츠가 너무 낯설었다. 배우도 파괴력 있는 스타는 아니었다. 개막도 하기 전에 흥행 실패가 조심스레 점쳐졌다.

설상가상으로 개막 두 달여를 앞두고 가수 조성모가 다리를 다치는 사고가 일어났다. 전치 8주의 큰 부상이었다. 본인도 안타까웠지만, 제작사로선 당장 발등의 불부터 꺼야 했다. 그나마 '조성모 뮤지컬 데뷔작'을 홍보 포인트로 삼으려던 전략마저 수정해야 했다. 대체 배우를 찾으려 나섰지만, 이 정도 스타급을 개막 두 달을 앞두고 찾기란 사실 불가능했다.

그때 제작 조감독이 "시아준수 사촌누나와 친하다. 한번 접촉해 보겠다"라고 나섰다. 별 기대는 없었다. 당시에 시아준수는 일본 활동이 많았다. 뮤지컬은 막연히 꿈을 꾸긴 했지만 자신이 없었던 상태였다. 그런데 일본 지인들에게 물어보니 "작품 좋아. 한번 해보라"는 권유가 적지 않았다. 이미 일본에서는 〈모차르트!〉가 공연돼 롱런 레퍼토리에 포함돼 있었다. 시아준수 본인으로서도 모차르트라는 대 음악가를 연기한다는 게 매력적으로 다가왔다. "협의해보자"라는 반응이 나왔고, 계약은 속전속결로 이어졌다. 대반전의 순간이었다.

이후 과정은 널리 알려진 대로다. 시아준수가 출연한다는 소식이 전해지자마자 그의 출연분 15회분은 순식간에 매진 사례를 보였다. 세종문화회관 대극장은 3,000석이나 된다. 15회라면 총 4만 5,000장이다. 적지 않은 양이다. 이 티켓이, 그것도 10만원이 넘는 티켓이, 3층 구석자리까지 몽땅, 그것도 몇십분만에 팔려 나간 거다.

이건 대형 사건이었다. 시아준수가 출연하기 전에도 뮤지컬계에 아이돌이 출연하는 건 꽤 있었다. 〈재너두〉에 슈퍼주니어 강인, 희철이 나왔고, 〈금발이 너무해〉에 소녀시대 제시카가 출연했다. 이럴 때도 티켓은 불티나게 팔려 나갔다. 하지만 시아준수는 경우가 달랐다. 무서울 정도의 팬덤이었다. 기존 아이돌과도 달랐으며 이전까지 명실공히 뮤지컬계 최고 티켓파워라던 조승우와도 달랐다. 한마디로 과거 사례에서 유추할 수 없던, 낯선 풍경이 벌어진 것이다. 덕분에 〈모차르트!〉는 티켓예매 사이트에서 30%에 육박하는 점유율을 보이며 단박에 랭킹 1위에 올랐다. 작품의 인지도도 동반 상승해 시아준수가 나오지 않는 공연 출연분도 팔려 나갔다. 개막전 이미 전체 좌석의 65%에 해당하는 8만 4,000여장이 팔려 나가 손익분기점을 넘기고 말았다.

왜 이랬을까. 시아준수는 팬들에겐 단지 인기 있는 가수가 아니었다. 핍박 받는 스타였다. 이미 알려진 대로 아이돌 그룹 동방신기가 갈라서면서 그중 세 명인 영웅재중, 믹키유천, 시아준수는 SM엔터테인먼트에서 나와 'JYJ'를 결성한 상태였다. 하지만 막강한 SM의 영향력 때문에 이들의 활동은 제한적이었다. 지상파 쇼프로그램에서는 그들의 모습을 보기 힘들었다. 사랑하는 스타가, 어렵고 힘들며 억울한 상태에 빠졌다는 건 팬들로선 얼마나 가슴 아픈 일이랴. 자연히 결집력도 더 높아지기 마련. 이런 타이밍에 시아준수가 자신의 본명을 써 가며 뮤지컬 무대에 데뷔를 한 것이니, 어찌 감격스럽지 않겠는가.

재미있는 광경도 벌어졌다. 김준수 팬들은 콘서트에는 여러 차례 가 보았지만, 뮤지컬은 처음 관람이 대부분인 터라, 팬클럽 홈페이지엔 '환호 금지, 형광봉 안됨, 타 배우가 노래할 때도 박수칩

시다' 등과 같은 공연 관람 에티켓이 공유되기도 했다.

김준수로서도 기회였다. 뮤지컬 무대는 단지 가수가 아닌, 배우나 연기자로서 변신할 수 있는 가능성을 타진해 볼 수 있기 때문이다. 훗날 "르베이는 나에게 새로운 세계를 열어준, 아버지 같은 분이다. 그의 노래를 통해 지금껏 경험하지 못한 깊은 음악 세계로 들어갈 수 있었다"고 진심어린 감사의 뜻을 표한 걸 보면, 분명 좋은 영향을 미쳤음에 분명하다.

김준수는 이후 가수와 뮤지컬 배우를 적절히 병행해 갔다. 뮤지컬 〈천국의 눈물〉 〈엘리자벳〉 등에 출연했고, '5분만의 매진'과 같은 기록을 계속 써 내려갔다. 회당 3,000만원에 육박하는 최고 개런티도 그의 몫이었다. 2012년 한국뮤지컬대상에서 남우주연상을 거머쥐며 2년 반 만에 최고 자리에 등극하는 기염을 토했다. 아이돌 출신으로 뮤지컬 무대에 가장 빨리 자리 잡고 안착해 최고 자리까지 오른 사례로 꼽힌다.

그의 등장으로 지금껏 뮤지컬을 외면하던 이들이 극장을 찾은 건 뮤지컬계로서도 반가운 일이다. 시장 확대의 견인차였음은 부인하기 힘든 김준수의 공로다. 무엇보다 〈모차르트!〉는 김준수의 긴급 투입이 아니었다면, 어쩌면 그저 그런 공연으로 전락하며 시장에서 사라졌을 지도 모른다. 대한민국에 유럽 뮤지컬의 전성시대를 연 촉매제이자 기폭제는 단연 김준수였다.

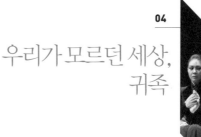

04

우리가 모르던 세상,
귀족

　김준수의 영향력은 막강했다. 하지만 계속 관객을 들게 만드는 건, 확장성과 지속성을 유지하는 건, 배우 한 명의 힘으로만은 불가능하다. 콘텐츠 자체의 경쟁력이 있어야 한다는 얘기다. 유럽 뮤지컬 본연의 힘은 과연 무엇일까.

　주지하다시피 유럽은 오페라와 발레의 나라다. 클래식의 바탕이 두텁다. 20세기 들어 미국이 앤디 워홀로 상징되는, 현대 예술의 새로운 조류를 형성했다 해도 전통의 유럽을 능가하기란 버겁다. 그건 뮤지컬이라고 예외일까. 분명 미국이 브로드웨이를 축으로, 뮤지컬의 문법을 새로이 축조해 간 건 맞지만, 유럽에는 음악극이라는 오래된 역사가 면면히 흘러왔다. 트렌디하고 발 빠르게 대중의 입맛을 못 맞춘다 해도, 기본기는 탄탄하다. 그걸 바탕으로 뮤지컬을 만들었으니 만만히 볼 대상은 결코 아니다.

게다가 표현주의로 상징되는 유럽의 작품 스타일은 자잘한 디테일에 신경 쓰지 않는 편이다. 큰 덩어리가 팍팍 움직인다고 해야 할까. 선이 굵다. 음악 또한 그렇다. 날 것 그대로의 감정선을 묵직하게 밀고 들어온다. 마치 돌직구처럼. 그런 직접적인 음악이 한국인의 감성과도 잘 맞아 떨어진다.

무엇보다 한국인에게 어필하는 요소는 배경이다. 상당수 유럽 뮤지컬이 합스부르크 왕가를 배경으로 한다. 〈엘리자벳〉〈황태자 루돌프〉 등이 대표적이다. 합스부르크 왕가는 단순한 명문가가 아니다. 어쩌면 유럽 역사 자체라고 해도 과언이 아닐 만큼, 13세기부터 20세기 초반까지 700여년 동안 오스트리아를 중심으로 독일, 스페인, 포르투갈, 동유럽 등을 통치해 왔다. 프랑스 왕을 제외한 거의 모든 유럽의 왕실과 연결돼 왔다. 그건 곧 중세와 근대 초기에 걸친 유럽 귀족 사회의 핵심을 전면에 내세웠다는 얘기다.

귀족이 뭐 대수랴. 상류층 계급 사회라면 돈 있고 권력 있고 품위 있기로 조선의 양반도 그리 빠지지 않는다. 하지만 조선 양반은 여태 많이 봐 왔다. 조선왕조 오백년을 다룬 드라마가 몇 년간 방영되지 않았는가. 장희빈은 악녀의 대명사이며, 연산과 광해를 새롭게 해석하는 영화도 1,000만 관객을 돌파하는 게 한국이다. 그런데 의외로 유럽 귀족 사회와 왕실은 그리 흔한 콘텐츠가 아니다. 아마 대중적인 소구력이 떨어진다는 판단에서 외국 영화를 수입할 때도 조심스러울 게다.

그런데 뮤지컬에서는 그 희소성이 오히려 경쟁력이다. 머리에 가발을 쓰고, 우아한 드레스를 입고, 고풍스런 집안에서 품위 있는 자태와 언어를 구사하는 이들이 무대 위에 있는 게 낯설지만 새로울 수밖에 없다.

그건 맨날 틀면 나오는 TV속 구질구질한 리얼리티와는 전혀 다른 경험이다. 뮤지컬이 얼마인가. 통상 10만원이 넘는, 적지 않은 비용이다. 게다가 특정 작품을 보려면 딱 한군데 공연장에만 가야 한다. 특별하다는 얘기다. TV, 영화에서는 볼 수 없는, 아니 대중 매체에서는 오히려 거부감을 일으킬 수도 있는 것들이 오히려 뮤지컬 무대에서 더 빛날 수 있다. 그 전형적인 예가 유럽 귀족 사회인 거다. 현실적이지 않기에, 보통 생활에서 맛보기 힘들고 공감하지 않기에, 더욱 기대치를 높여주고 관객에게 판타지를 선사하게 된다. 그건 현대적인 감각으로 무장한 브로드웨이 뮤지컬과는 전혀 다른 지점이다. 유럽 뮤지컬이 한국 사회에서 더욱 어필할 수 있는 근원적 요소는 바로 동경이었다.

05

바꿔도 된다?
아니 더 잘 바꾼다!

유럽 뮤지컬의 또 다른 특징은 '고칠 수 있다'는 점이다. 웨스트엔드나 브로드웨이 뮤지컬은 까다롭다. 물론 모든 뮤지컬이 그렇다는 건 아니다. 하지만 한국에 들어오는 상당수 영미권 뮤지컬은 이미 성공한 것들이다. 어떤 원작자가 성공한 자신의 작품에 손을 대는 걸 좋아할까. 극본 음악은 물론이고 무대와 의상, 소품까지 100% 그대로 써야하는 레플리카(Replica: 복제) 방식이 적용된다. 심지어 〈스프링 어웨이크닝〉 같은 뮤지컬은 벽에 붙은 자그마한 전구 하나까지 오리지널 제작사의 OK 사인을 받았다고 한다. 워낙 많은 뮤지컬이 해외에서 라이선스 공연을 하기에, 어떤 매뉴얼을 만들어 그대로 하게끔 하는 방식이 제작 공정도 단축시킬 수 있고, 작품의 퀼리티도 확보할 수 있다는 판단이 작용된 것으로 추정된다.

반면 유럽 뮤지컬은 다르다. 논-레플리카Non-Replica 방식이다. 뮤지컬의 중심축이라 할 수 있는 대본과 음악만 사오고 나머지는 바꿀 수 있다는 것이다. 무대 세트, 의상, 소품 등이 달라질 수 있다. 그런데 무대가 바뀌면 자연히 동선이 달라지고, 연출이 개입하게 되고, 이야기 흐름도 바뀌게 마련이다. 때로는 완전히 다른 작품처럼 보일 수도 있다.

유럽 뮤지컬이 이런 변화의 폭을 크게 두는 데는 몇 가지 이유가 있다. 우선 공연장을 염두에 둔 거다. 오리지널 버전이 올라간 극장과 한국에서 공연되는 극장은 관객이 볼 수 있는 눈앞의 무대 크기가 똑같기 힘들다. 뿐만 아니라 이른바 포켓이라 불리는, 보이지 않는 무대의 옆과 뒤의 폭도 다르다. 세트를 위에서 내리는가, 혹은 옆에서 옮기는 가와 같은 무대 설비도 제각각이다. 이런 차이가 엄연함에도 불구하고 오리지널 무대를 그대로 재현해야 한다고 강조하는 건, 어쩌면 원작자의 횡포일 지도 모른다. 아니면 자신의 무대 세트를 또 팔려는 상업적 계산이거나. 이런 애로사항을 고려해 변화의 폭을 둘 수 있게끔 한 건 유럽 뮤지컬의 합리성이다.

한편으론 유럽에서 만든 뮤지컬이 영미권 뮤지컬만큼 해외에서 공연된 적이 없기에, 조금은 사는 사람의 입장을 배려한 조치일 수도 있다. 어쨌든 이 덕에 한국에서는 꽤 넓은 범위에서 탄력적인 운영이 이루어졌다.

변주는 다양한 지점에서 발견된다. 2012년 대히트를 기록한 〈엘리자벳〉에서는 토드의 비중을 강화시켰다. 엘리자벳 황후와 요제프 황제, 그리고 토드의 삼각관계를 강화시키려는 의도에서다. 〈황태자 루돌프〉에서는 낭만적인 사랑에 더 초점을 두어 세트도 다소 소녀풍의 취향을 담아냈다.

〈레베카〉는 무대 변화에 더욱 적극적이었다. 오리지널 오스트리아 공연은 사실상 전용관에서 장기 공연 중이다. 맨덜리 저택을 형상화한 대형 구조물 세트가 떡 하니 무대 중앙에 버티고 있으면서 안정감을 준다. 하지만 한국은 공연 기간이 짧다. 치고 빠져 나와야 하고, 몸집도 가벼워야 한다. 그래야 수익성도 담보할 수 있다. 심플하게 만들어야 한다는 얘기다. 그러면서도 음침한 기운을 선사하기 위해 네모난 액자형 무대를 기본틀로 사용해 '갇혀 있다'는 느낌을 주었다. 색깔을 회색톤으로 가져간 것도 비슷한 이유에서다. 덕분에 '레베카' 한국 공연을 본 비엔나극장협회 관계자들이 "한국 무대를 가지고 유럽 투어에 나서면 좋겠다"고 할 정도였다.

체코 뮤지컬 〈삼총사〉〈잭더리퍼〉 등은 음악, 대본까지 손을 댄, 개작 수준의 변화를 준 작품들이다. 우선 〈삼총사〉의 원작에서는 달타냥과 리슐리외 추기경의 대결 구도에만 초점을 맞췄다. 아토스, 아라미스, 포르토스라는 삼총사의 존재감이 약했다. 한국 공연에서는 세 인물에 다 사연을 집어넣어 캐릭터를 살려 냈다. 아라미스를 다소 바람둥이 스타일로 변모시키거나 포르토스를 의리남, 아토스를 순정파 등으로 설정한 게 그 예다. 한국 연출가 왕용범 씨는 "사실 원작 노래에 스토리는 거의 다시 썼다고 봐도 무방하다. 우리끼리는 체코 뮤지컬 〈삼총사〉를 토대로 한 주크박스 뮤지컬이라고 부른다"고 했다. 〈잭더리퍼〉 역시 비슷한 과정을 거쳤다. '어쩌면' '회색도시' '멈출 수 없어' 등 원작에 없던 새로운 노래를 삽입하고, 앤더슨을 마약 중독 경찰, 먼로를 탐욕스런 기자로 설정해 음악과 드라마를 동시에 강화시켰다.

체코 뮤지컬의 변화는 성공적이었다. 관객 입맛에 잘 맞아 매년 공연이 올라갈 만큼, 한국에서 스테디셀러로 자리잡았다. 특히 〈잭더리퍼〉는 일본에서 대박을 터뜨렸다. 2012년 9월 도쿄 아오야마 극장에서 공연돼 순수익 11억원을 올리며, 그때까지 일본에서 공연된 K-뮤지컬 중 최고 흥행 기록을 세웠다. 일본 관계자의 말을 빌리면 "체코에 가서 원작도 보고 한국 공연도 봤는데, 원작보다 한국 공연이 더 흥미롭다는 결론을 내려 한국 공연을 하게 됐다"고 전했다. 형(체코 원작)보다 나은 아우(한국 개작)인 셈이다. 심지어 체코 측에서 "우리가 공연했던 〈로빈 후드〉도 가져가 다시 만들어 달라"고 요청하는 걸 보면, 한국의 뮤지컬 개작 능력은 분명 경쟁력을 갖췄다고 봐야 할 듯싶다.

06

감각적 쾌감을
추구한다

일각에서는 유럽 뮤지컬의 선풍적인 인기에 대해 '철저히 스타에 의존한다'라며 다소 폄하하곤 한다. 전혀 틀린 말은 아니다. 〈삼총사〉〈잭더리퍼〉〈모차르트!〉〈엘리자벳〉 등을 만든 곳은 엠뮤지컬컴퍼니와 EMK컴퍼니인데, 두 제작사 공히 스타 기용에 공을 많이 들인다. 김준수, 안재욱, 임태경, 신성우 등 기존 스타는 물론 유명세 높은 뮤지컬 전문 배우도 다수 기용된다. 주인공은 물론 조연도 서너 명이 번갈아 한다.

사실 돈만으로는 이 많은 스타들을 끌어들일 수 없다. 오히려 캐릭터를 매력적으로 만들어야 이름값 하는 배우를 끌어들일 수 있다. 이 부분에서 유럽 뮤지컬은 강점을 띤다. 즉 원작에서는 별 볼 일 없는 조연이라도 한국에 들어와서는 나름 아픔을 간직하고, 혹은 곡절이 많은 인물로 변화시켜 배우들의 구미를 당기게 하는

뮤지컬 사회학

것이다. 대표적인 예가 〈삼총사〉의 아라미스다. 오페라 장면을 삽입하고, 여성의 내밀한 심리를 잘 파악하는 인물로 그려져 어떤 면에서는 주인공이라 할 수 있는 달타냥과 아토스보다 더 흡인력이 있다. 이런 점이 2013년 〈삼총사〉 재공연 당시, 뮤지컬에 데뷔하는 탤런트 김민종이 아라미스를 택하게 한 동기였다. 한국적 개작 과정을 통해 비록 작은 배역이라 할지라도 나름 개성 있는 캐릭터로 변화시킨 게 스타 섭외의 큰 동력이 된 것이다.

그런데 한 가지 의문이 든다. 어찌 이리 잘 고칠까. 한국 창작 뮤지컬은 여전히 죽을 쓰고 있고, 유럽 뮤지컬을 올리는 곳은 한국 말고도 몇 나라가 있을 텐데 말이다. 한국인 고유의 특성이 혹시 유럽 뮤지컬 제작 관행과 궁합이 맞아 떨어진 건 혹 아닐지. 다음 우스개소리를 들어보자.

"연못에 물고기가 있다. 혹자는 이 물고기가 어찌해 여기까지 내려왔는지, 어떤 환경적 요인이 작용했는지 궁금해 한다. 다른 외국인은 물 위를 유영하는 물고기의 운동 원리를 탐구한다. 반면 한국인은 저걸 끓여 매운탕을 먹으면 좋겠다고 생각한다."

단지 농담이 아닐 듯싶다. 한국인은 그만큼 감각적 쾌감에 민감하다는 뜻이다. 실생활에 도움이 안 되는 원리나 손에 잡히지 않는 추상엔 별반 관심이 없다. 대신 먹고 즐기고 맛보는 오감엔 어느 민족보다 민감하다. 그걸 좋아한다.

기초학문이라 분류되는 자연과학, 인문학에 학생 지원이 없다고 대학들은 아우성 댄다. 실제 취직이 어렵다는 점이 이런 전공을 약화시켰겠지만, 눈에 보이는 것만 추구하고 실제로 써 먹을 수 있어야 직성이 풀리는 한국인의 특성과도 무관하지 않아 보인다. 원리를 모르면 어떠랴. 원리, 가져다 쓰면 된다. 대신 진짜 실생활에 필요한 특성을 최대한 살리는 데 발군이다.

삼성전자 스마트폰 갤럭시도 그런 전략을 쓴 덕에 세계 최고 자리까지 올라간 게 아닐까. 애플처럼 세상에 없던 것을 발견하고 퍼뜨려 시장을 주도하는 퍼스트 무버First Mover는 아니지만, 빠르게 따라하는 패스트 팔로어Fast Follower로서 오히려 실제 사용하는 이들의 편에서 조금 더 편리한 방식을 차용해 어느 순간 퍼스트 무버를 능가하는 것 말이다. (물론 이런 평가를 삼성전자는 부인하겠지만.)

무에서 유를 창조하는 것은 어디에 비할 바 없이 위대한 업적이다. 그걸 누가 모르랴. 누구나 그걸 원한다. 하지만 무에서 유를 만들어 내기 버겁다면, 유에서 유를 변용해 본래 유에 못지않은 제2의 유를 생산해 내는 것도 능력 아닐까. 라이선스 뮤지컬과 맞짱 뜰만한 한국 창작 뮤지컬 만드는 것에는 아직 역량이 부족하고, 그렇다고 외국 것을 100% 따라하는 것으론 만족하기 어려운 한국인들에게, 손 댈 수 있고 고칠 수 있고 나름 변용의 공간도 확보된 유럽 뮤지컬은 어쩌면 현시점에 가장 어울리는 맞춤옷일지도 모를 일이다.

때로는 최선이 아니라 하더라도 적합한 차선을 택할 줄 안다면 그것 또한 용기요, 현명함이니. 한국 시장에서 발현되고 있는 유럽 뮤지컬의 활황은 한국인의 순발력, 응용력, 적응력이 빚어낸 새로운 현상임이 분명하다.

8장

〈지킬 앤 하이드〉는 왜 조승우 없이도 잘될까

강남좌파와 현세주의

신춘수의
모험

때는 2004년이었다. 30대 중반의 젊은 뮤지컬 프로듀서, 오디뮤
지컬컴퍼니 신춘수 대표는 의욕에 넘쳐 있었다. 직전에 자기가 만
들어 공연했던 〈그리스〉와 〈킹 앤 아이〉로 꽤 재미를 본 상태였다.
특히 〈그리스〉가 대박이었다. "잘 만든다" "젊은 제작자중 가장 잘
나간다"는 말이 하나둘 나오기 시작했다. "차세대 뮤지컬 프로듀서
중 선두주자"란 추켜올림도 그를 더욱 업UP시켰다.

이 정도로 만족할 순 없었다. 도약의 전기가 필요했다. 하지만
세상인심은 그리 호락호락하지 않았다. 문제는 두 명의 선배 제작
자인 설도윤과 박명성이었다. 이미 이들이 해외에서 이름깨나 한
다는 뮤지컬을 싹 가져다 놓은 상태였다. 당시 설도윤은 〈오페라의
유령〉과 〈캣츠〉를, 박명성은 〈렌트〉〈시카고〉〈맘마미아〉 등을 수
입했었다. 같이 경쟁에 뛰어들었다간 그저 아류에 불과하다는 말

을 들을 뿐이었다.

다른 전략이 필요했다. 어쩌면 그다지 유명하지 않은 뮤지컬을, 브로드웨이에서 썩 성공을 못 한 작품을 가져다 하는 게 맞지 않을까 싶었다. 몇몇 작품을 하자는 의뢰도 들어왔다. 〈헤드윅〉〈아모르〉 등이 선상에 올랐다. 그러다 우연히 발견된 게 〈지킬 앤 하이드〉였다. 1886년 간행된 로버트 루이스 스티븐슨Robert Louis Stevenson의 괴기소설인 『지킬 박사와 하이드The Strange Case of Dr. Jekyll and Mr. Hyde』를 원작으로 제작된 뮤지컬 작품으로 1997년 미국 브로드웨이에서 초연되었다.

스릴러물이라는 게 조금 꺼림칙했다. 브로드웨이에서 3년 반 남짓 공연해 크게 성공하지 못했다는 점도 불안했다. 하지만 'This is the Moment' 'Once upon a Dream' 등 노래는 이미 그때도 나름 정평이 나 있었고, 신 대표가 듣기에도 흡인력이 강했다. 대본과 음악만 사고 나머지 연출, 무대, 조명 등을 탄력적으로 운영할 수 있다는 점도 도전의식을 고취시켰다. 어차피 대박 뮤지컬을 가져다 할 수 없다면 다른 선택이 없지 않은가. 어느 정도 도박이 불가피했다. 저지르기로 했다.

당시 오리온 그룹이 투자해 운영하던 '제미로'가 함께 파트너로 참여했고, 대기업의 크레디트 덕분인지 예술의전당 오페라극장 대관을 잡았다. 하지만 오리온이 공연사업에서 손을 떼기로 하면서, '제미로'가 해체 수순을 밟으면서 후유증이 터지고 말았다. 예술의전당측이 처음 계약 상태와 달라졌기 때문에 승인을 해줄 수 없다면서 대관 공고를 다시 냈던 것. 신 대표 역시 다시 대관 신청을 냈지만, 최종 낙점은 윤석화 씨의 〈토요일밤의 열기〉로 돌아갔다.

날벼락이었다. 이미 상당 부분 진행된 상태라 엎을 수도 없었다. 이대로 접었다간 간신히 쌓아올린 지명도나 신뢰도까지 몽땅 날아갈 판이었다. 허겁지겁 다른 극장을 알아봤지만 6개월 안에 구할 수 있는 대형 극장은 어디에도 없었다. 그러다 우연히 발견한 게 서울 삼성동 코엑스 오디토리움이었다. 본래 국제 회의장으로 쓰이는 공간이었지만, 손을 대면 1,000석 규모의 공연장으로 바뀔 여지가 있었다. 딴 방법도 없었다.

올리기로 했지만 문제는 적지 않았다. 전문 공연장이 아닌 탓에 세트 이동 등에 필요한 공간은 턱없이 부족했고, 음향도 엉망이었다. 게다가 세대교체를 하고픈 신 대표의 호기어린 열망 때문에 스태프 대다수가 젊고 경험이 적어 이 어려움을 헤쳐 나가기 버거웠다. 개막 몇 주를 앞두고는 신 대표는 심장 판막 수술을 받았다. 총체적 난국이었다.

그래도 '운명이 있겠거니'라며 무작정 달려갔다. 경험 없는 스태프였지만, 한번 해보겠다는 의욕만큼은 넘치고 강한 집중력과 응집력으로 연습을 거듭했다. 그리고 마침내 2004년 7월 24일 첫공이 올라갔다. 지킬역을 맡은 이는, 이전 〈오페라의 유령〉의 라울을 연기했고, 서울대 성악과를 나온 엘리트 뮤지컬 배우였지만, 그때까진 미완의 대기였던 류정한이었다. 2시간 40분이 지나고 커튼콜, 당시까지 한국 뮤지컬에서 좀체 보기 힘든 풍경이 벌어졌다. 1,000여명 관객이 류정한이 등장하는 순간, 용수철처럼 튀어 오르며 열성적인 함성과 함께 기립박수를 보냈다. 〈지킬 앤 하이드〉의 신화는 그렇게 탄생했다.

02

뮤지컬 배우
조승우

첫공은 류정한이었지만 둘째날 조승우에 대한 반응은 더욱 폭발적이었다. 〈지킬 앤 하이드〉가 현재와 같은 인기, 롱런 레퍼토리로 자리 잡은 데엔 조승우의 몫이 절대적이었다.

그는 가능성 있는 배우였지만 스타라고 하기엔 2% 부족했다. 1999년 영화 〈춘향뎐〉으로 데뷔해 〈후아유〉 〈클래식〉등에 나왔지만 대박이 없었다. 뮤지컬 역시 〈카르멘〉 등에 출연했지만 존재감은 크지 않았다.

당시를 기억하는 신 대표의 조승우에 대한 언급은 이렇다.

"연습 첫날 이미 배역에 대한 이해도가 상당했다. 데이비드 스완 연출자가 별달리 지시할 게 없었다. 그만큼 준비가 철저했다."

"배역을 확정하고 첫 미팅을 했을 때 '과연 이 청년이 24살 맞나' 싶었다. 어른스러운 구석이 너무 많았다. 해외에서는 지킬역을 대개 30대 후반에서 40대 초반이 한다. '조승우가 너무 어리지 않을까'라는 건 기우였다."

한국 뮤지컬이 2001년 〈오페라의 유령〉 전후로 나뉘듯, 2004년 조지킬의 등장은 거대한 분수령이었다. 그의 등장과 함께 뮤지컬 스타 시스템이 가동되기 시작했다. 단 한편으로 단숨에 최고 스타 반열에 오른 조승우는 이후 10년간 흔들림 없이 1등 자리를 지켜왔다. 자고 나면 새로운 스타가 태어나고 또 갈망하는 게 엔터테인먼트 업계와 쇼 비즈니스의 생리 아닌가? 대중의 변덕은 또 어찌나 들끓던지. 그런 야박한 인심을 뚫고 10년간 아성을 지켜왔다는 건 분명 놀라운 일이 아닐 수 없다.

조승우에 대한 얘기는 그간 너무 많이 거론됐으니 여기선 아끼겠다. 다만 두 가지는 분명히 하고 싶다.

그는 뮤지컬로 슈퍼스타가 된 유일한 이다. 조승우를 제외한 뮤지컬 스타는 대개 두 부류다. 이미 스타였다가 뮤지컬을 하거나(김준수, 옥주현 등) 아니면 뮤지컬을 할 때는 잘 몰랐는데 딴 장르에 가서 빵 터지는 경우('남자의 자격'의 박칼린, 영화의 조정석 등)다. 조승우도 〈지킬 앤 하이드〉 이듬해 영화 〈말아톤〉이 터지면서 더 유명세를 탔지만, 그는 이미 〈지킬 앤 하이드〉로 신드롬을 일으키며 전국구 스타로 부상했다. 그를 보기 위해 구름처럼 관객이 몰려왔고, 이후 '전회 매진'이라는 타이틀도 자연스레 달게 됐다. 작품이 아닌 단지 배우를 믿고, 그를 보기 위해 관객이 오는 것의 첫 출발은 조승우였다. 뮤지컬만으로 전국적 스타가 되는 경우는 조승우가 최초였고, 그건 장르의 특성상 앞으로도 쉽지 않을 것으로 예상된다.

다른 하나는 조승우의 실력이다. 일각에서는 "조승우는 연기는 잘 하는데 노래는 조금 부족하다"고들 한다. 과연 그럴까. 김문정 음악감독의 증언은 이렇다. "〈맨 오브 라만차〉를 할 때였어요. 앞부분에 악센트를 넣어 불러 보자고 하니깐 그대로 하는 거예요. 그 다음엔 뒤를 약간 흐리고, 그 다음엔 리듬감을 살려서…… 주문한 대로 다 불러요. 세상에 이런 배우 처음이에요."

나는 조승우를 벤츠에 비유하곤 한다. 벤츠, 명실상부 최고의 명차다. 하지만 부분적으로 부족한 부분이 적지 않다. 이를테면 BMW에 비해 가속감이 떨어져 운전하는 재미가 덜하고, 볼보에 비하면 안전성이 떨어지며, 아우디에 비하면 접지력이 부족해 코너링이 약하다고 해야 할까. 그래도 왜 벤츠일까. 그런 기술이 없기 때문이 아니다. 못하는 게 아니라 안하는 거다. 왜? 그런 세세한 부분을 일일이 다 충족하다 보면 전체 틀이 헝클어질 수 있기 때문이다. 조승우가 노래를 못하는 게 아니라, 굳이 그렇게 목에 힘을 주고 노래를 부를 필요가 없기 때문에 안 한다는 거다. 필요할 땐 한다. 대신 평상시엔 그 노력을 다른 부분에 들여 캐릭터를 정확히 소화하고, 드라마를 명쾌하게 전달하는 데 집중한다. 밸런스 유지, 뮤지컬 배우 조승우의 핵심 능력이다.

03

조지킬이
없어도

　〈지킬 앤 하이드〉는 이중인격을 다룬다. 평상시엔 지킬 박사로 착하고 정의롭지만, 어느 순간 하이드로 변신해 숨어 있는 난폭성을 거침없이 발산한다. 단선적인 코드가 아닌, 이중적인 캐릭터는 실제 연기하는 배우로서도 매력적이다. 그래서 다들 이 배역에 탐을 내는 것이고, 미국에서도 초연의 로버트 쿠치올리가 이 작품으로 드라마 데스크상, 비평가협회 남우주연상 등을 받았고, 이후 '전격 Z작전'으로 우리에게도 친숙한 데이비드 하셀호프가 출연하는 등 TV, 팝스타가 몰리곤 했다.

　한국에서는 단연 조승우였다. 지금껏 한국을 대표한다는 뮤지컬 배우 여러 명이 도전했지만 조승우를 능가하긴 버거웠다. 디테일이 뛰어나고, 호흡이 좋고, 대사 전달력이 앞서고 등등, 조승우의 장점을 거론하면 수없이 많지만 근원은 그의 깨끗한 마스크였다.

평상시 지킬에서 어느 순간 하이드로 변신하기에, 하이드를 얼마나 잔인하고 극악하게 표현하는가에 매달리는 게 일반적 사고다. 하지만 악은 선이 정말 착해 보이면 더욱 도드라지기 마련이다. 조승우의 선한 얼굴(물론 날카로운 면도 있지만)은 조금만 악인의 표정으로 바뀌어도 그 대비 효과가 더욱 극명하다. 그건 얼굴 크고, 이목구비가 입체적이지 않고, 조금 평범하게 생긴 다른 배우들로선 노력한다 해도 쉽사리 극복하기 어려운 문제일 터. 출발선부터 조승우에게 유리한 게임이었다는 얘기다.

그렇게 승승장구했다. 할 때마다 터졌고, 다들 표를 구하지 못해 난리였다. 특히 커튼콜에서 보여준 짧고 굵은 어퍼컷 세리머니는 여성팬의 혼을 쏙 빼갔다.

조승우의 힘이라고 다들 믿었다. 그의 연기력에 작품의 지명도와 수준도 함께 성장하는 듯 보였다. 일본 공연까지 성사됐고, 예술의전당 국립극장 샤롯데 등 최고의 공연장을 차례로 거쳐 갔다.

〈지킬 앤 하이드〉 = 조승우'가 당연한 공식처럼 자리잡아가던 어느 날, 그만 조승우가 군대에 가고 말았다. 2008년 하반기다. 어찌 방법이 없었다. 조승우 없이 류정한, 김우형, 홍광호 만으로 〈지킬 앤 하이드〉를 해야 했다.

힘들지 않을까 예상됐다. 아니었다. 대박이었다. 물론 조승우가 공연했을 때보다 더 많은 관객이 찬 건 아니었다. 하지만 조승우 없

뮤지컬 사회학

기간	공연장	지킬 배우
2004년 7월 24일~8월 21일	코엑스 오디토리움	조승우 류정한
2004년 12월 24일~2005년 2월 14일	코엑스 오디토리움	조승우 서범석 민영기
2006년 1월 25일~2월 4일	예술의전당 오페라극장	조승우 류정한
2006년 6월 24일~8월 15일	국립극장 해오름극장	조승우 류정한 김우형
2008년 11월 11일~2009년 2월 22일	LG아트센터	류정한 김우형 홍광호
2010년 11월 30일~2011년 8월 28일	샤롯데씨어터	조승우 류정한 홍광호 김준현 김우형
2013년 1월 8일~2월 9일	예술의전당 오페라극장	윤영석 양준모

이도, 다른 배우들만으로도 2008년 공연은 20억원이 넘는 수익을 냈다.

2010년 조승우가 제대하자마자 첫 번째로 선택한 건 역시 〈지킬 앤 하이드〉였다. 무려 80회나 출연했다. 9개월여의 대장정에서 조승우는 앞부분 6개월간 출연했다. 2년 만에 돌아온 뮤지컬 황제에 대한 팬들의 열광은 절대적이었다. 사실상 전회 매진이었다. 그리고 그는 빠졌다. 홍광호, 김우형, 김준현 등으로 남은 3개월을 꾸렸다. 지금이야 홍광호 역시 엄청난 티켓 파워를 자랑하지만 당시만 해도 아직 미완의 배우였다. 하지만 조승우 없이도 공연은 계속 고공행진을 이어갔고, 3개월간 유료 점유율 80%를 훌쩍 넘겼다. 결국 9개월간의 〈지킬 앤 하이드〉 공연은 국내 뮤지컬 역사상 단일 시즌 최고 매출액(275억원)이라는 기록까지 세웠다.

2013년에도 올라갔다. 느닷없는 결정이었다. 예술의전당 다른 공연이 펑크를 내는 바람에 갑작스레 꾸려진 무대였다. 준비가 허술할 수밖에 없었고, 역대 가장 약한 캐스팅이라는 말까지 나왔다. 하지만 결과는 나쁘지 않았다. 오디뮤지컬컴퍼니측은 "4억원 가량 의 수익을 냈다"고 밝혔다.

무슨 말인가? 조승우 없이도 먹고 살 만하다는 거다. 조승우면 더 좋지만, 그러면 화룡점정이지만, 조승우 없이 홀로서기에 성공 했다는 거다. 〈지킬 앤 하이드〉 자체의 경쟁력과 생존력으로 관객 과 정면승부를 걸어 성과를 내고 있다는 증거가 속출했다.

04

뮤지컬 작곡가
프랭크 와일드혼

그는 조승우가 고마울까, 신춘수에게 감사할까. 아니면 그냥 본인이 잘 나서 그러려니 할까.

〈지킬 앤 하이드〉의 성공은 곧바로 브로드웨이 출신의 작곡가 프랭크 와일드혼의 인기로 이어졌다. 그로서는 미국은 물론, 전 세계 어디에서도 받지 못하던 열광적인 환호를 대한민국에서 받게 됐다.

1958년생. 특이하게도 제도권 교육기관에서 정식으로 작곡을 배운 적이 없다. 이건 와일드혼 만의 장점이자 음악적 완성도를 얘기할 때 자주 등장하는 아킬레스건이기도 하다. 대신 대학에서는 역사와 철학을 전공했다. 그가 빅토리아 시대를 배경으로 인간의 양면성이라는 다소 뮤지컬과 어울리지 않을 법한 주제에 천착한 배경으로 설명되곤 한다.

80년대엔 주로 팝음악 작곡가로 활발히 활동했다. 〈지킬 앤 하이드〉는 그의 실질적인 뮤지컬 데뷔작이나 마찬가지였다. 15년 이상을 매달려왔다. 연출가 스티브 쿠덴과 오랜 기간 작품을 논의했지만 실마리는 좀체 풀리지 않았다. 극작가 레슬리 브리커스가 합류해 지킬과 삼각관계를 이루는 엠마, 루시 등 멜로물에 방점을 두면서 탄력을 받았다.

마침내 1997년 4월28일 브로드웨이 플리머스 씨어터에서 〈지킬 앤 하이드〉는 개막했다. 2001년 초까지 3년 7개월여 가량 이어졌다. 썩 나쁜 건 아니었지만 그렇다고 대박이라고 표현하기엔 어정쩡한 흥행이었다. 다만 주제곡이라 할 수 있는 'This is the Moment' 등이 동계올림픽, 슈퍼볼 등 미국을 대표하는 이벤트에 자주 등장하며 프랭크 와일드혼으로서는 자신의 음악적 역량을 계속 알릴 수 있었다.

지극히 평범함 뮤지컬 작곡가로 머물 것 같던 그에게 기회를 준 건 머나먼 아시아의 대한민국이었다. 2004년 한국에서 〈지킬 앤 하이드〉가 터지며 와일드혼은 상종가를 쳤다. 딴 작품을 올리겠다는 의뢰가 적지 않았고, 2011년엔 그의 주도하에 만들어진 신작 뮤지컬이 한국에서 초연 무대를 가졌다. 바로 조성모의 뮤직비디오 '아시나요'를 모티브로 한 〈천국의 눈물〉이었다. 베트남전을 배경으로 한 한국 병사와 미군 장교, 베트남 여인의 3각 관계를 다룬 뮤지컬이었다. 김준수, 브래드 리틀 등 출연진은 화려했으나 김준수 출연분을 제외한 나머지 공연은 한가하기 그지없었다. 실패였다.

그래도 와일드혼만한 작곡가가 어디 있으랴. 〈몬테크리스토〉 등 그가 유럽에서 초연 무대를 가진 뮤지컬까지 수입되기 시작했다. 그 정점은 2013년이었다. 와일드혼이 작곡한 대형 뮤지컬이 무려 5편이나 차례로 올라갔다. 와일드혼 신드롬이라 해도 과언이 아닌, 전형적인 쏠림 현상이다.

●● 2013년 공연된 와일드혼 뮤지컬

작품	기간	공연장
황태자 루돌프	2012년 11월 10일~2013년 1월 27일	충무아트홀 대극장
몬테크리스토	2013년 6월 8일~8월 4일	충무아트홀 대극장
스칼렛 핌퍼넬	2013년 7월 6일~9월 8일	LG아트센터
보니 앤 클라이드	2013년 9월 4일~10월 27일	충무아트홀 대극장
카르멘	2013년 12월 4일~2014년 2월 23일	LG아트센터

와일드혼의 음악은 우선 듣기 편하다. 팝, CF 음악을 많이 작곡한 경력이 작용한 듯 보인다. 확 다가왔다 훌쩍 떠나는 사람처럼, 감정의 진폭도 크다. 드라마틱한 선율이라는 말을 흔히들 표현한다.

각 출연진에 적합한, 캐릭터를 살리는 데도 능하다는 평가다. 여기에 극장문을 나설 때면 귀에 남는, 입에 맴도는 인상적인 노래 한 곡은 꼭 있다는 점도 와일드혼의 영리함이다.

하지만 그의 아킬레스건은 미국 내에서 흥행 성적이다. 2013년 〈지킬 앤 하이드〉는 미국 투어 공연을 가졌다. 2001년 브로드웨이에서 막을 내린 후 12년 만에 다시 올라간 셈이었다. 그 저력은 한국에서의 큰 성공이었고, 신춘수 대표가 공동 프로듀서로 이름을 올렸다. 하지만 전미 투어가 끝을 보는 데는 채 3개월이 걸리지 않았다.

과거에도 그랬다. 90년대 후반, 그의 초창기 작품이라 할 수 있는 〈스칼렛 핌퍼넬〉 역시 여러 차례 공연됐지만 다 합쳐봐야 브로드웨이 기록은 1년 남짓이다. 2011년 공연했던 〈보니 앤 클라이드〉는 고작 한 달만 브로드웨이 무대에 설 수 있었다. 그가 계속해서 쓴잔을 맛보자 미국의 한 언론은 다음과 같이 씹어댔다.

"미국 출신 뮤지컬 작곡가중 최근 가장 다작을 하는 이는 단연 프랭크 와일드혼이다. 또한 가장 빨리 막을 내리는 이 역시 와일드혼이다."

평단의 시선은 더 차갑다. 그는 특별한 수상 경력이 없다. 그래미상도, 토니상도, 퓰리처상도 받지 못했다. 여러 편 작곡했지만 선율이 비슷비슷한 탓에 "자기 복제에 능하다"란 비아냥도 적지 않다. "클래식 기반이 약해 음악적 깊이가 얕다"는 비판도 있다.

그럼에도 한국에서는 앤드류 로이드 웨버 부럽지 않은 대우다. 초기작, 실패작 가리지 않으며 오스트리아산 〈황태자 루돌프〉, 스위스에서 준비단계에 있던 〈몬테크리스토〉, 체코 뮤지컬 〈카르멘〉 등 유럽에서 올라갔던 뮤지컬까지 모조리 수입했다.

그건 비용 대비 효과가 가장 크기 때문이다. 이미 해외에서 크게 히트했던 뮤지컬이라면 비쌀 수밖에 없다. 그에 비해 와일드혼 뮤지컬은 그다지 인기가 많지 않은 터라 로열티가 비싼 편이 아니다. 하지만 국내에서는 〈지킬 앤 하이드〉의 유명세 덕분에 와일드혼 뮤지컬에 대한 고정팬이 적지 않다. 웬만한 대형 뮤지컬을 가져와 봤자 흥행한다는 보장이 없는 까다로운 한국 뮤지컬 관객에게 와일드혼이라는 브랜드는 그나마 안전판이 될 수 있다. 혹시나 다소 부족한 부분이 있다면 스타 캐스팅으로 커버하면 될 일. 해외에서 대박이 터지지 않았을 뿐 와일드혼의 음악이 웬만한 퀄리티를 유지한다는 것 역시 부정하기 힘든 사실이다. 이래저래 누이 좋고 매부 좋은 일인 셈이다. 와일드혼의 뮤지컬이 국내 무대에 계속 소개되는 건 당분간 이어질 전망이다.

05

잘난 놈을 응징하되, 그건 잘난 놈이 해야 한다

2004년 국내 초연 이후 2013년까지 〈지킬 앤 하이드〉는 7번이나 공연됐지만 늘 흥행에 성공했다. 조승우가 있을 땐 당연히 그랬고, 없을 때도 그랬다. 어느새 〈오페라의 유령〉 〈맘마미아〉와 함께 대한민국 국민이 가장 사랑하는 뮤지컬 빅3에 꼽힐 만큼 강력한 브랜드를 갖게 됐다.

〈오페라의 유령〉이나 〈맘마미아〉는 해외에서 이미 성공했기에, 국내에서 성공한 게 특별한 일이 아니다. 하지만 〈지킬 앤 하이드〉는 해외 반응이 별로였음에도 국내에서 대박 뮤지컬로 자리 잡았으니 조승우의 힘이 컸다고들 쉽게 얘기했다. 틀린 건 아니지만 그게 다는 아니다. 뮤지컬 자체의 힘이 한국인에게 먹혔다고 봐야 한다.

우선 스토리를 보자. 젊은 의사 헨리 지킬은 흉악범을 대상으로 인간의 선한 면과 악한 면을 분리하기 위한 임상 실험을 하고자 한다. 이 급진적인 제안에 성 쥬드 병원 이사회는 경악한다. 당연히 불허한다. 이사회 멤버는 주교, 해군제독 등 이른바 출세한 사람들이다. 권위적이며 위선적이고 속물적이다. 고지식하지만 사회 정의를 실현하고자 온 몸 던지는 지킬의 앞길을 막는 듯 보인다.

이사회 멤버들의 추악함은 세밀히 묘사된다. 허영심이 많은 건 기본, 사람 무시하기 일쑤고, 뒷거래에도 능하다. 심지어 10대 소녀와의 매춘도 뻔뻔하게 즐긴다. 그야말로 잘난 것들의 나쁜 면은 모조리 모은 듯한, 기득권 타락 3종 세트다.

정도의 차이는 있을망정 이는 익숙한 풍경이다. 한국에서 상영되는 드라마, 영화에서 잘 나가는 축에 끼인 인간들이 아름답고 멋지게 묘사되는 경우는 극히 드물다. 재벌은 불법을 저지르고, 검사는 악랄하며, 관료는 돈을 처먹는다. 대기업 오너 3세는 연애에만 관심이 있고, 냉철한 비즈니스 세계에서 살아남기 위해 분투하며 전문성을 쌓는 모습은 어디에도 없다. 설사 있어도 겉핥기이며, 그것 역시 암투의 하나로 묘사된다. 만약 한국 사회에서 차곡차곡 밟아 성공한 이의 스토리를 영화화 한다면, 잘 되지도 않을뿐더러 그 작가나 감독은 "저 놈, 어디 대기업에서 돈 받아먹었군"이란 소리 들을 게 뻔하다.

영화, 드라마만 보면 대한민국 사회 어디 하나 정상적인 게 없다. 어느새 우리 머리엔 사회 지도층, 권력자, 돈 있는 사람 등 출세한 사람은 썩었다는 게 당연한 것처럼 입력돼 있다. 문화란 결국 사회의 거울 아니던가. 작품에서 기득권층을 이토록 타락한 것으로 묘사한다면, 현실 세계에서는 혁명이 일어나도 몇 번은 있어야 할 터다. 하지만 현실은 무척 평온하다. 질서는 공고하며 누구도 거기까지 갈 생각은 안한다. 그저 가공의 세계에서만 급진과 전복이 넘쳐날 뿐이다.

지나친 괴리 아닐까. 이는 한국 대중의 심리를 들여다보면 어느 정도 실마리를 찾을 수 있다. 여론조사 기관인 한국 갤럽과 글로벌마켓인사이트는 2010년 10개국 5,190명을 대상으로 여론 조사를 실시했다. 돈과 행복의 상관 관계였다. 이 여론조사에서 부자에 대한 생각이 가장 부정적인 건 한국인이었다. 부자가 돈이 많은 이유를 부모의 덕이거나(66.4%), 부정부패와 권모술수를 동원했기 때문(57.6%)이라고 생각했다. 열심히 해서 돈을 모았다는 답은 34.5%였다. 외국 평균 51.3%보다 한참 낮았다.

반면 행복이 돈과 관계있다는 것에 한국인은 92%나 동의했다. 10개국 중 가장 높았다. 덴마크는 53%에 불과했다.

무슨 말인가. 한국인은 돈을 정말 중요시하는 반면, 돈 번 인간은 무척 싫어한다는 거다. 물론 이런 의견이 지배적인 건, 부유층에 대한 적대감이 강한 건, 그만큼 한국 사회의 부패 고리가 심각했다는 반증일 지도 모른다. 어느 정도는 공감한다. 하지만 설문에 응한 10개국 중엔 브라질, 인도 등도 있었다. 그 나라가 과연 한국 사회보다 투명할까.

오히려 절차상이나 역사상의 문제보다 부자는 싫지만, 부자가 되고픈 한국인의 이중성이 반영된 건 아닐까. 이게 한국 사회의 현주소다. 강남을 투기꾼이라고 욕하면서도 실제로 자신은 강남에 들어가 살고 싶어 하는 게 한국인이다. 그런 한국인의 이중성이 가장 적확하게 투영돼 각광받는 집단이 있으니, 바로 강남 좌파다.

익히 알려진 대로 강남 좌파란 가치관과 생활 패턴이 분리된 이들을 말한다. 정치 지향은 진보적인데 사는 곳은 압구정동이다. 부자 증세를 주장하지만 정작 본인 역시 돈이 많다. 자신의 실제 계급성과는 상반된 의식이다. 여기에 공부 잘 해 학벌 뛰어나고, 스펙 좋으며, 외모까지 출중하면 금상첨화다.

강남 좌파를 비판하려는 의도가 아니다. 한국인이 그런 사람에, 집단에 추종한다는 것을 말하고자 함이다. 실제 노동자 계층이 철탑에 올라가고, 심지어 분신자살을 해도 시큰둥하지만, 잘 생긴 서울대 교수가 트위터에 '자본의 무능'을 질타하면 큰 반향을 일으키는 게 한국 사회. 대중이 강남 좌파를, 그것도 세련된 강남 좌파에 열광한다는 거다.

이런 논리를 〈지킬 앤 하이드〉에 적용시키면 헨리 지킬이야말로 강남 좌파의 원형이다. 그는 귀족이다. 의사 집안이다. 천재적 머리로 의학을 발달시키고 인류를 구원하려는 소명 의식이 충만하다. 불의에 쉽게 타협하지 않는 정의감 또한 높다. 술집에 가서도 절제

할 줄 아는, 헤픈 남자가 아니다. 창녀를 업신여기지 않고 감싸는, 따뜻한 감성까지 소유했다. 완소남이다.

만약 진짜로 가난한 이가, 잘 못 배운 이가, 찌질해 보이는 자가 꼴통 보수를 타파하려 했다면 이 정도로 열광했을까. 그렇지 않을 거 같다. 임꺽정이나 홍길동이 인기 있는 캐릭터라고 자신 있게 얘기 못하는 것도 같은 맥락이다. 의협심만으로 한국인을 움직이기엔 어딘가 부족하다는 얘기다. 잘 나고 잘 생긴 지킬 박사가 전면에 나서 기득권층과 대결하니 멋진 거다. 게다가 실제 잔인한 보복은 그의 손을 거치지 않고, 그와 분리된 하이드가 해주니, 도덕적 비난에서도 자유로울 수 있으니 얼마나 완벽한가.

잘난 놈들을 미워하면서도 잘난 놈들에 끼고픈 이중성, 기득권에 속하면서도 기득권을 비난하는 강남 좌파의 인기. 〈지킬 앤 하이드〉가 한국에서 유독 호응을 얻는 이유라고 난 생각한다.

끝까지 질러라

음악에서도 〈지킬 앤 하이드〉는 한국인에게 어필 요소가 강하다. 대표곡 '지금 이 순간This is the Moment'에만 환호를 보내는 게 아니다. 더 박수가 터져 나오는 건 루시가 노래할 때다. 그가 부르는 '당신이라면Someone Like You'이나 '시작해 새 인생A New Life'에 객석은 떠나갈 듯 열광한다. 두 곡 다 드라마틱한 선율에 목이 찢어져라 하이톤으로 마무리된다.

따져보면 〈지킬 앤 하이드〉만이 아니다. 한국에서 유독 히트한 뮤지컬에는 이런 식의 노래가 한 곡쯤 꼭 있다. 클라이맥스를 아주 높은 음역대로 포진시켜 놓고 끝까지 확 내질러 가슴을 뻥 뚫리게 한다. 관객의 열화와 같은 박수가 당연히 뒤따른다. 〈노트르담 드 파리〉에서 그랑그와르가 부르는 '대성당들의 노래', 〈엘리자벳〉의 '나는 나만의 것' 등이 대표적이다.

가요도 그렇다. 노래 잘 한다고 손꼽히는 임재범 윤민수 등의 히트곡을 보면 목에 핏줄이 설 정도로 절규하는 대목이 꼭 하나쯤 있곤 한다. 그래야 가창력 있다고들 한다. 해외 유명 메탈 밴드의 음악 중에서도 장수하는 건 'She's Gone'류의 록발라드다.

공통점이 보이지 않는가? 어딘가 찡한, 가슴을 후벼 파는 듯한, 인간의 감정을 끝까지 몰고 가 토해낼 듯 불러야 인정한다는 얘기다. 한마디로 '갈 데 까지 가는' 노래를 좋아한다. 적당히 부르거나 감정을 쏟아내지 않으면 심심해한다. 아무리 세련된 작곡술과 풍성한 화성법을 곁들여도 소용없다. 이토록 끝까지 질러대는 노래에 열광하는 저변에는 한국인의 '현세주의現世主義'가 자리해 있다.

철학자 탁석산 씨는 『한국인은 무엇으로 사는가』에서 '지금 이 세상이 전부라는 현세주의가 한국인의 생활철학'이라고 밝힌다.

탁 씨는 현세주의가 내세를 믿지 않는 거라고 말한다. 내세, 즉 사후 세계를 중시하는 건 종교다. 종교 분쟁을 보라. 천년이 넘도록 기독교와 이슬람은 적대적이다. 현세가 아니라 내세가 중요하기에, 죽음도 불사한 채 물러설 수 없는 대결을 벌인다. 그런데 과연 한국이, 한국인이 그럴까. 자신이 믿는 종교를 지고지순한 가치로 여겨 신앙을 위해 목숨을 버리는 이도 그리 많지 않고, 추앙하는 편도 아니다. 전 세계적으로 개신교 천주교 불교 등이 별다른 마찰 없이 한 국가 내에 공존하는 경우도 거의 없다고 하지 않던가. 종교를 바꾸었다고 상종 못할 인간으로 취급하지도 않는다. 설사 민는다 한들 '사후' '초월'과 같은 영원불멸의 의미보다는 "이렇게 되도록 도와주세요"와 같은 기복적 특징이 강하다는 점도 빼놓을 수 없다.

현세주의가 국민 정서를 이룬다는 건 어떤 의미일까. 물질적 풍요를 중요시한다고 볼 수 있다. 이 세상이 유일한 데 기왕이면 잘 먹고 살기를 바라지 않겠는가. 반면 내세를 중시하는 곳에서는, 사람들은 굳이 열심히 살려고 하지 않을 것이다. 인도를 연상해 보라. 이 세상이 저 세상으로 가는 징검다리일 뿐인데 무엇 하러 성공을 위해 악다구니를 쓰겠는가. 오히려 명상을 하며 저 세상으로 가는 준비를 하는 게 더 현명할 것이다. 반면 대한민국은 현세주의를 택한 덕에 경제 발전에 성공했다. 억척스러운 한국인, 의지의 한국인 등은 현세주의의 긍정적 표현이다.

무엇보다 현세주의는 '완결성'이다. 이 세계가 유일하기에, 사후 세계가 없기에 이 세상에서 모든 것을 이뤄야 하고 모든 것을 마쳐야 한다. 악착같이 벌어 죽기 전에 맘껏 누리길 모두들 염원한다. 한국의 술 문화를 보자. 한번 마셨다 하면 2차, 3차는 기본이요, 새벽녘 집 앞 포장마차에서 마지막 잔을 부딪치고서야 마무리가 되는 경우가 허다하다. 징그러울 만치 술을 마셔도 흉은커녕 자랑하기 일쑤고, "끝까지 가는 거야"를 입에 달고 마신다. 술에 대해 이토록 관대한 나라가 있을까. 그 밑바닥엔 이 세상이 전부니 어차피 한번 뿐인 세상, 미련 없이 즐기고 악착같이 놀자는 정서가 깔려 있다.

탁석산 씨의 주장에 동의한다. 그리고 그 현세주의가 예술 분야로 치환될 때 볼 수 있는 현상이 가슴을 후벼 파는 노래에 열광하는 한국 관객이라고 본다. 어정쩡한 노래를 듣기보단 인간의 음역대를 시험할 법한, 고음의 목소리로 사정없이 질러대는 노래를 듣고서야 "속 시원하다. 뮤지컬 본 거 같다"란 표정을 짓게 되는 것이다. 유유자적하게 작품을 감상하기에 한국인은 시간이 너무 부족하다. 후다닥 극한의 경험을 하고 싶어 하고, 또 그래야만 직성이 풀린다. 한국 뮤지컬에서 절대 입 밖에 내선 안되는 게 '고음불가'다. 〈지킬 앤 하이드〉에서도 특히 루시의 절대적 인기는 한국인의 현세주의가 표출된 증거라는 게 내 판단이다.

뮤지컬 사회학

9장

〈미스 사이공〉은
왜
충무아트홀에서
실패했을까

극장의 지리학

01

지방 찍고
서울행

2006년 〈미스 사이공〉 한국 공연이 올라갔다. 특이했다. 초연 무대가 경기도 성남이었다. 그해 6월부터 두 달간 성남아트센터에서 공연을 한 뒤 서울로 올라와 세종문화회관에서 한 달가량 공연을 하는 일정이었다. 지방을 거쳐 서울로 올라가는 건 일반적인 상식과는 거리가 먼 파격이었다.

당시 대형 뮤지컬의 초연 무대는 무조건 서울이었다. 지방은 대형 뮤지컬이 올라갈 만한 여건이 아니었다. 서울에서 한 뒤 지방으로 내려가는 게 아니라, 그냥 서울만 하고 끝났다. 시장이 형성되지 않았다는 얘기다. 기껏 해봐야 〈명성황후〉 〈맘마미아〉 등이 공연됐지만 짧게 2,3일 하고 빠지는 식이었다. 장기 공연을 한다는 건 언감생심이었다. 그만큼 서울과 지방간 문화 향유의 격차는 컸다.

물론 수도권에 속하는 경기도 성남을 지방으로 볼 수 있느냐는 의문을 제기할 순 있다. 게다가 성남아트센터는 성남시 분당구 야탑동에 위치, 사실상 분당 지역이라 한번 해볼 만한 승부가 되리라 예상되기도 했다. 2005년 개관한 성남아트센터는 길버트 카플란의 첫 내한 무대, 중국 국립발레단 〈홍등〉, 몬테카를로 발레단 〈신데렐라〉 등 야심찬 라인업을 가동 중이라 〈미스 사이공〉 초연 무대에 대한 열의도 강했다.

막상 흥행은 좋지 않았다. 강남 아래 분당이라 해도 경기도 아니던가. 세계 4대 뮤지컬이라는 별칭이 무색하게 2개월을 끌어가기엔 한계가 있었다. 음향, 시야 등에서 〈미스 사이공〉과 궁합이 안 맞는다는 지적도 있었다.

성과는 있었다. 2개월가량 하면서 워밍업을 충분히 할 수 있었다. 극장 잡고서 리허설도 제대로 하지 못한 채 개막을 해야 하는 기존 뮤지컬 제작 시스템과는 크게 달랐다. 본게임이라 할 수 있는 세종문화회관(2010년 8월 31일~10월 1일)에서는 배우와 스태프의 기량과 호흡은 물이 올라 있었다. 성남 공연을 하면서 인지도도 조금씩 높아졌고, "작품 어때?"라며 궁금해 하는 이들도 늘어나 수업료치곤 나름 가치를 제대로 한 셈이었다. 세종문화회관 공연은 유료점유율 71%를 기록했다. 성남과 합쳐 9억원의 수익을 냈다. 성공이었다.

이듬해초 〈미스 사이공〉은 대구로 내려갔다. 대구 오페라하우스에서 한 달 넘게 공연했다. 서울이야 한 달가량 공연하는 게 별

일 아니지만, 지방에서 그런 경우는 처음이었다. 힘들 거라는 예상과 달리 엄청난 성공을 거두었다. 서울이 아닌 지역에서도 뮤지컬 장기 공연이 가능함을 보여준 첫 사례였다. 이후 대구국제뮤지컬페스티벌이 열리고, 10여개의 대형 공연장이 건립되는 등 대구가 뮤지컬의 메카로 자리매김하는 시발점엔 2007년 〈미스 사이공〉이 있었다.

사실 지방을 거쳐 서울로 오는 게 제작사의 의지나 전략이라고 보기 힘들다. 대관 일정을 제작사 임의대로 할 수 없는 상황에서, 공공 공연장의 대관 기간을 한 달 이상 하기 힘든 한국적 여건에서 어쩌면 고육지책처럼 나온 게 '지방 찍고 서울행'이란 다소 낯선 풍경을 낳게 된 것이다. 실험은 절반의 성공이었다. 〈미스 사이공〉 한국 제작사인 KCMI로선 좋은 경험을 한 셈이었다.

2010년 〈미스 사이공〉이 다시 올라가게 됐다. 서울 공연으로 치자면 4년만의 재공연이었다. 이번엔 아예 작정을 했다. 고양-성남을 거치고 서울 공연을 갖는 스케줄을 짰다. 4년 전 노하우를 살려볼 요량이었다.

●● 〈미스 사이공〉 2010년 공연 일정

공연장	기간
고양아람누리 아람극장	3월 13일~4월 4일
성남아트센터 오페라하우스	4월 16일~5월 1일
충무아트홀 대극장	5월 14일~9월 12일

고양부터 삐걱댔다. 처음이니 그러려니 했다. 성남도 영 시원치 않았다. 하지만 4년 전에도 그랬지 않던가. 초반 고전을 견디고 마지막 서울에서 극적인 반전이 있으리라 믿었다. 아니었다. 계속 안 좋았다. 충무아트홀 4개월 공연에서 유료 점유율은 고작 45%. 객석의 절반도 채우지 못했다는 거다. 결국 2010년 〈미스 사이공〉은 세 군데 공연을 집계한 결과 11억원의 적자를 내고 말았다. 쓰라린 결과였다.

스타가 없어서?
이슈가 없어서?

　그래도 명색이 〈오페라의 유령〉〈레미제라블〉〈캣츠〉와 더불어 4대 뮤지컬에 포함된다고 하지 않았던가. 〈미스 사이공〉은 1989년 영국 런던 웨스트엔드에서 처음 올라갔는데, 2년 뒤 1991년 미국 뉴욕 브로드웨이에서 공연할 때는 사전 판매량이 무려 3,700만 달러(약 410억원)에 이르러 화제가 됐다. 막이 오르기도 전에 웬만한 뮤지컬 한 해 판매량과 맞먹는 매출액을 보인 셈이었다. 이 기록은 아직도 깨지지 않고 있다.

　이랬던 뮤지컬이 저 머나먼 땅 대한민국에서 11억원의 손해를 봤으니 어찌 의아하지 않을 수 있겠는가. 게다가 4년 전 나름 좋은 성과를 냈기에 더욱 이상했다.

　공연이 엉망이었나. 그렇진 않았다. 대체적인 평단의 반응은 호의적이었다. '4년 전보다 한결 부드러워졌다'(세계일보), '2006년 초연 당시 문제로 지적됐던 가사 전달의 부자연스러움을 해소했다'(서울경제) 등이었다. 완성도 때문에 관객이 줄진 않았단 얘기다.

그럼 배우가 약했나. 그것도 설득력이 떨어진다. 김보경(킴), 마이클 리(크리스), 김선영(엘렌) 등 초연 배우가 대부분 다시 무대에 올랐다. 오히려 초연 때 갑작스런 뇌출혈로 쓰러져 실제 무대엔 오르지 못했던 김성기 씨가 엔지니어역을 2010년에 할 수 있게 된 것이 화제가 되기도 했다.

초연한 지 너무 짧은 기간에 공연한 게 문제였나. 그것도 아니다. 4년이 그리 긴 시간은 아니지만 짧다고 보기도 힘들다. 〈맘마미아〉 〈지킬앤하이드〉 〈잭더리퍼〉처럼 한번 성공한 공연은 1년 만에 한번쯤 리바이벌 되는 게 국내에서는 마치 정석처럼 자리 잡아가고 있다.

스타가 없어서? 이건 나름 설득력이 있다. 〈미스 사이공〉 출연진은 이른바 뮤지컬 전문 배우만으로 꾸려졌다. 연예인이라 할 만한 배우는 없었고, 그 흔하다는 아이돌 캐스팅도 없었다. 영국 오리지널 제작사의 입김이 강한 탓이었다. 철저히 오디션을 거쳐야 했고, 그를 통과한 배우만을 뽑았다. 영국은 인기, 티켓 파워 이런 거 크게 상관 안했다. 어차피 잘 모르고.

잠시 번외의 이야기를 하자면, 영국 측이 스타 캐스팅을 안하고 오디션만으로 평가한다는 증거는 이후 2012년 '레미제라블'에서 더 분명해졌다. 조승우가 탈락한 것이다. '레미제라블'이나 '미스 사이공' 모두 영국의 제작자 캐머런 매킨토시가 만들었다. 그가 오디션 동영상을 보고 캐스팅을 최종 결정한다. 조승우는 당시 주인공 장 발장이 아닌, 자베르 경감역을 하고 싶어 했다. 음역대가 잘 안 맞 았다. 하지만 천하의 조승우 아니던가. 국내라면 오디션 보자는 제 안을 감히 할 수 없었을 테고, 혹 오디션 이후 캐릭터의 색깔과 잘 안 맞더라도 "승우 씨한테 적합하게끔 손질할게"라고 했을 가능성 이 농후하다. 물론 조승우 측에서도 원캐스팅인 터라 1년 내내 다 른 작품 못하고 〈레미제라블〉에만 매달리는 걸 조금은 부담스러워 했던 것도 사실이다. 이유가 어찌 됐든 매킨토시는 결국 조승우를 택하지 않았다.

이야기를 다시 〈미스 사이공〉으로 돌려 2010년 공연에서 출연진 중 유명 스타가 없는 건 맞았다. 하지만 그건 2006년에도 그랬다. 2010년에 갑자기 달라진 게 아니란 얘기다. 물론 2006년 출연진과 2010년 출연진이 상당 부분 겹치는 통에 다소 신선함이 떨어질 순 있을지 모른다. 하지만 이런 논리라면 최정원의 〈맘마미아〉도, 류 정한의 〈지킬 앤 하이드〉도, 신성우의 〈잭 더 리퍼〉도 매번 망해야 하지 않을까. 배우가 엇비슷해 성공하지 못했다는 건 납득하기 어 렵다.

그렇다면 뭘까. 2006년에 비해 공연 완성도는 오히려 더 좋아졌 다고 하고, 출연진 등 나머지는 별반 달라진 게 없는데 말이다. 지 방을 거쳐 서울로 올라오는 과정도 비슷했고. 다른 게 하나 있다.

바로 서울 공연장이다. 2006년엔 세종문화회관이었고, 2010년에 충무아트홀이었다. 2010년 〈미스 사이공〉 흥행 실패의 원인 제공자는 충무아트홀이었다.

뮤지컬 전문
공공극장

그럼 충무아트홀의 시설이 엉망이라는 소리인가? 관객 서비스가 안 좋고, 시야를 가리는 객석이 많고, 로비가 좁고 주차하기 힘들다는 거? 아니다. 공연장으로서 충무아트홀의 수준과 질, 좋은 편이다.

충무아트홀은 2005년 3월 탄생했다. 중구청이 만들었다. 본래는 체육시설을 짓고자 했다. 1998년 구민종합체육센터 건립 기획안이 출발이었다. 2000년대 들어 문화에 대한 관심이 늘어나자 '중구종합체육센터 문화예술회관'으로 건립계획을 변경했고, 2003년엔 아예 '중구문화체육센터'로 문화를 더 앞세웠다. 그리고 최종 2005년 건립할 때엔 '충무아트홀'이라는 명칭을 썼다.

지자체마다 이런 문화예술시설 하나쯤 있지 않던가. 서울에서도 서초구민회관이라든가, 서대문문화회관 등등. 'ㅇㅇ회관'이라는, 어단가 촌스러운 명칭에 비해 그래도 '충무아트홀'이란 이름은 훨씬 세련됐고, 그만큼 시립이나 구립 문화시설과는 뚜렷이 차별되는 행보를 보이기 시작했다.

개관 초창기에는 어수선했다. 자기 색깔이 명확하지 않은 채 뮤지컬, 클래식, 재즈, 콘서트, 발레 등을 모조리 올렸다. 공공 공연장이란 게 그렇다. 어느 한쪽의 장르만 치중하다 보면 말이 나온다. "국민 세금으로 운영하는데 왜 특정 장르에만 편파적으로 극장을 내주느냐"고. 형평성이란 이름하에 무색무취한 공연장이 되기 일쑤다.

그래도 충무아트홀은 뮤지컬 장르에 가장 많은 대관 날짜를 주었다. 어쩔 수 없었다. 기타 공연은 해봤자 2,3일 하는데 비해 뮤지컬은 최소 한 달가량은 해야 수지타산이 되니 대관 일정이 길 수밖에 없었다. 전체 일정 중 70% 가량이 뮤지컬 몫이었다. 지자체가 운영하는 기존 문예회관에 비해선 파격적인 결정임에 분명했지만 여전히 뚜렷한 존재감을 보이기엔 역부족이었다. 특단의 조치가 필요했다. 대극장 규모를 크게 하기로 했다.

개관할 때 충무아트홀 대극장은 800석이었다. 중극장 규모였다는 거다. 이 정도 크기로 명망 높은 뮤지컬을 올리기엔 한계가 있었다. 한국에서 실정이 그렇다. 공연장의 양극화다. 화려한건 대극장으로 가면 되고, 내실 있는 건 소극장에서 하면 되는데 500~800석 규모의 중극장은 딱히 수익구조를 맞추기 힘들다. 무대 세트는 대극장만큼 들어가야 하는데 비해 객석수가 그에 못 미치기 때문이다. '난타'를 만들었던 PMC 프로덕션이 2013년 자신이 운영하던, 800석 내외의 서울 강남구 삼성동 '코엑스 아티움'의 운영권을 내놓은 것도 그런 연유에서였다.

충무아트홀은 2008년 리모델링에 들어갔다. 8개월여 간의 공사 끝에 800석짜리 대극장을 1,200석 규모의 '진짜' 대극장으로 변모시켰다. 이런 변화의 몸부림엔 뮤지컬 전문 공공 극장으로 가겠다는 방향성도 크게 작용했다. 이 정도 규모면 당시 유일한 뮤지컬 전용관인 샤롯데씨어터 못지않았다. 강남구 역삼동 LG아트센터(1,100석)에 비해선 지명도가 약했지만 객석 수가 더 많다는 장점이 있었다. 3,000석의 세종문화회관 대극장, 2,000석의 예술의전당 오페라극장에 비해선 객석수, 인지도 등에서 밀렸지만 이들 공연장은 대한민국을 대표하는 공공 공연장이기에 특정 장르에 장기 대관을 해 줄 수 없었다. 그런 한계에 비해 충무아트홀은 운영의 묘를 살릴 수 있다는 점에서 경쟁력이 있었다.

게다가 2008년 재개관작으로 올린 뮤지컬 '미녀는 괴로워'는 유료 점유율 73%을 보이며 최고의 흥행 성적을 냈다. 자신감에 힘입어 2009년은 뮤지컬 위주로 프로그램을 짰다. 진정한 뮤지컬 전문 극장으로서 위용을 갖추기 시작했다.

작품	기간
그리스	2005년 6월 1일~8월 7일
피핀	2005년 11월 18일~2006년 1월 15일
알타보이즈	2006년 4월 12일~5월 21일
달고나	2006년 11월 1일~12월 31일
올슉업	2007년 1월 30일~4월 22일
헤어스프레이	2007년 11월 16일~2008년 2월 17일
미녀는 괴로워	2008년 11월 27일~2009년 2월 1일
라디오스타	2009년 3월 3일~4월 5일
돈주앙	2009년 5월 12일~6월 21일
삼총사	2009년 7월 9일~8월 22일
웨딩싱어	2009년 11월 24일~2010년 2월 11일

충무아트홀은 이미 중극장 블랙과 소극장 블루를 함께 운영하면서 작지만 단단한 뮤지컬을 계속 해오던 터라 '뮤지컬에 강점이 있다'란 이미지가 강했다. 컬트적 성향의 뮤지컬도 간간히 올라가 마니아의 충성도도 높았다.

하지만 어딘가 2% 부족했다. 위의 표를 보자. 전반적인 라인업이 나름 개성 있다고 위로할 수 있을지 몰라도 최고의 작품이라고 하기엔 다소 미흡한 구석이 있지 않은가. B급 정서를 주로 담고 있고, 웃기면서 풍자성도 있지만, 시장을 선도하는 작품이라고 하기엔 부족한 게 사실이었다. 극장의 지명도는 조금씩 쌓여갔지만 계속 이런 방향을 고집하단 영락없이 '2류 극장'에 머물 것 같은 불안감이 엄습해왔다.

승부수를 띄워야 했다. 명품 뮤지컬이라 불리는, 폼 좀 잡을 수 있는, 그럴듯한 뮤지컬을 한번 제대로 올려 다른 공연장의 콧대를 납작하게 만들고 싶었다. 때마침 〈미스 사이공〉이 재공연을 준비 중이었다. 지금껏 한 번도 없었던 4개월 장기 공연을 제작사측에 제안했다. 〈미스 사이공〉측도 딱히 다른 선택지가 없었다. 세종문화회관, 예술의전당, 국립극장 등은 기껏해야 대관을 6~8주밖에 내주지 않아 수익을 내기 힘들었다. LG아트센터는 콧대가 높았고, 당시 유일한 뮤지컬 전용관이라는 샤롯데씨어터는 설앤컴퍼니와 오디뮤지컬컴퍼니가 마치 자기네 극장인 양 주구장창 쓰고 있어 그 틈을 뚫고 들어가기엔 힘겨웠다. 때마침 충무아트홀은 개관 5주년 특별 기획이란 타이틀을 내걸고 〈미스 사이공〉에 전폭적인 지지를 약속했다. 그렇게 〈미스 사이공〉 충무아트홀 공연은 제작사와 극장의 기대를 한 몸에 받으며 2010년 5월 14일 막을 올렸다.

04

강남이
움직이지 않았다

뮤지컬은 어떤 이들이 볼까. 티켓값이 10만원이 넘다보니 당연히 조금 여유 있는 계층이 보게 된다. 지역적으론 서울 강남이라고 할 수 있다. 강남, 서초, 송파 등 강남 3구가 대표적이다.

이건 실제 통계에서도 그렇다. 서울에서 하는 대형 뮤지컬의 경우, 통상적으로 서울 시민이 50%를 넘게 사며, 경기도와 인천광역시까지 포함한 수도권에서 80% 가량을 산다고 보면 된다.

자치구별로 보자면 구매율 1위는 단연 강남구다. 그 다음이 서초구이며 이후 송파 용산 양천 등이 뒤를 잇는다. 그건 〈미스 사이공〉도 마찬가지다. 대신 비율이 달랐다. 2006년 〈미스 사이공〉 세종문화회관 공연에 비해 2010년 충무아트홀 공연에서 강남 3구의 구매 비율은 낮아졌다.

	2006년 세종 〈미스사이공〉	2010년 충무 〈미스사이공〉	2010년 〈빌리엘리어트〉
강남구	8.9	6.5	8.4
서초구	6.5	4.3	5.6
송파구	3.5	3.5	4.5
합	18.9	14.3	18.5

＊자료=인터파크, 티켓링크

　위 표는 무엇을 말하는가. 세종문화회관 때에 비해 충무아트홀에 온 강남 3구 관객이 4.6%포인트 줄었음을 보여준다. 이는 다른 공연에서도 비슷하다. 2010년 연말에 LG아트센터에서 공연된 또 다른 대형 뮤지컬인 〈빌리 엘리어트〉와 비교해도 충무아트홀의 강남 3구 관객은 4.2% 포인트 가량 적었다.

　4.5% 내외의 비율이 얼마나 크게 작용한 거냐고 할지 모르겠다. 하지만 전체 비율에서 이는 그리 낮은 비율이 아니다. 강남 3구가 움직이지 않는데 이를 대체할 지역이란 현실적으로 불가능하기 때문이다. 그들이 어느 정도 비율을 채워야 한다는 얘기다. 결국 콘텐츠만 좋으면, 명품만 유치하면, 관객이 오리라 생각한 건 순진한 발상이었다. 2010년 〈미스 사이공〉 충무아트홀 공연이 실패한 건 이른바 부유층이 많다는, 서울 강남 소비자가 찾질 않아서였다.

　우선 극장의 인지도가 너무 낮았다. 5년이란 세월이 지났지만, 충무아트홀의 이미지는 대학로가 조금 확장된 수준이었다. 그때까지 올라간 대부분 프로그램이 그랬고, 중소극장에서 한 뮤지컬 역시 그랬다. 그래서 마니아의 지지는 컸을망정 오랜만에 극장 나들이를 하며 주변에 자랑질을 해야 하는 일반 관객의 욕구와는 거리가 있었다.

관객은 공연만 보기 위해 공연장을 찾는 게 아니다. 주차장이 깔끔해야 하고, 로비는 격이 있어야 하며, 무엇보다 주변 먹거리, 즐길거리 등이 풍족해야 한다. 중세시대에도 교회와 극장만큼은 가장 고풍스럽게 지었다고들 한다. 일상에서 벗어나 영혼을 씻는 공간이라는 측면이 강했기 때문이란다.

이런 관점에서 과연 충무아트홀이 강점이 있을까. 극장 안은 다소 번잡하다. 카페나 레스토랑이 어수선하게 자리해 있다. 주변부는 더욱 그렇다. 도로는 좁고 당장 재개발이 필요한 허름한 골목투성이다. 먹거리라고 해봐야 극장 건너편 '신당동 떡볶이'가 최고의 명소로 꼽힌다. 학생에겐 유용할지 몰라도, 특별할 때 별미로 먹기엔 좋을지 몰라도, 오랜만에 차려 입고 온 관객이라면 머뭇거릴 수밖에 없다.

무엇보다 입지다. 아무리 도심과 가깝다고 해도, 중구에 속한다고 해도, 충무아트홀엔 재개발 이미지가 더 강하다. 광화문 한복판에 있는 세종문화회관, 남산 자락에 위치한 국립극장, 강남 서초권의 예술의전당과 LG아트센터보다 지역적으로 우월하지 못하다는 얘기다.

단적으로 강남과 강북이라고 보면 된다. 강남 아파트가 강북 아파트보다 훨씬 잘 지었는가. 별반 차이 없다. 교육 여건이 좋고, 가까운 데 편의 시설이 많다는 건 맞다. 그렇다고 강남 아파트가 강북의 두 배 이상 가격을 형성하는 데엔 그 이상의 무엇이 있다고 봐야 하지 않을까. 어디 사느냐가 바로 그 사람의 계급을 나타내는 지표로 자리 잡으면서, 강남 프리미엄이 형성되기 시작한 거다. "소개팅 나가 강북에 산다고 하면 애프터 신청 받지 못한다"는 신세타령은 마냥 웃고 넘길 수 없는 실제다.

주거의 양극화는 개선되어야 한다는 당위성과 달리 엄연한 현실이다. 그게 문화라고 달라질까. 취향을 반영하는 문화 소비 행위에서는 더욱 극명하게 드러난다. 결국 충무아트홀에서 〈미스 사이공〉을 공연한 건, 강북 문화시설이 강남 콘텐츠를 품었다는 것으로 결론 내릴 수 있다. 서로 어울리지 않는 조합이었고, 잘 맞지 않는 물건과 그릇이었다. 〈미스 사이공〉 이전에 충무아트홀에서 공연했던, 촌스럽지만 나름의 완성도를 갖춘 〈헤어 스프레이〉(2008년, 유료점유율 70%) 〈삼총사〉(2009년 유료점유율 67%) 등의 흥행 성적이 훨씬 좋았다는 점은 이를 역설적으로 입증한다. 콘텐츠와 공연장에도 궁합이 있다.

05

블루스퀘어와
디큐브아트센터

충무아트홀 이후 새로 문을 연 비강남권 공연장을 꼽자면 블루
스퀘어와 디큐브아트센터를 들 수 있다. 두 곳 모두 성공적으로 연
착륙중이다.

2011년 11월 개관한 블루스퀘어는 출발부터 화려했다. 극장은
1,700석의 뮤지컬 공연장 삼성전자홀, 1,400석(스탠딩시 3,000석)의
콘서트홀 삼성카드홀로 구성됐다. 뮤지컬과 콘서트를 함께 할 수
있는 국내 유일의 공간이라는 점, 출발부터 네이밍 스폰서를 확실
히 했다는 점, 강남-강북을 연결하는 교착지인 용산구 한남동에
위치해 있다는 점 등이 화제였다.

개관 당시엔 쓴 소리도 많았다. 3층 좌석이 제대로 안 보이고 안
들려 '유배석'이라는 악평까지 나왔다. 지하철을 타고 오면 2층과
연결되고, 티켓 부스는 한층 올라가 3층에 있어 거기서 티켓을 받

고, 다시 두 층 아래로 내려가 객석 1층에서 봐야 하는 동선을 두고도 불평이 많았다. 무엇보다 로비가 사무실처럼 건조해 "삼성전자홀이 아니라 진짜 삼성전자에 온 것 같다"는 비아냥도 있었다.

그럼에도 블루스퀘어는 단기간에 국내 최고의 뮤지컬 전용관으로 입지를 다졌다. 〈조로〉〈엘리자벳〉〈위키드〉〈오페라의 유령〉〈레미제라블〉 등 유명 뮤지컬이 연이어 올라갔고, 모든 작품이 흥행에 성공했다.

두 가지 측면이 있다. 우선 객석수가 넓다. 장기 공연할 수 있는 공연장중 1,700석을 넘는 곳은 블루스퀘어 삼성전자홀이 유일하다. 기타 뮤지컬 전용관이라 할 수 있는 샤롯데씨어터, 디큐브아트센터, 충무아트홀 등은 1,200석 정도다. 500석은 한회 매출액만 따져도 평균 5,000만원을 웃도는 수치다. 결코 무시할 수 없으며, 제작자가 선호할 수밖에 없다.

또 한 가지는 위치다. 강북이라고 다 같은 강북이 아니다. 한남동은 전통적인 부촌이다. 1970년대까진 성북동, 평창동과 더불어 최고 부자 동네로 명성을 날렸다. 1980년대 들며 강남 개발과 함께 위상이 약해졌지만, UN빌리지와 이태원 등은 여전히 상종가다. 게다가 블루스퀘어는 리움 미술관과 꼼데까르송길 인근에 자리해 있다. 고급 트렌드를 주도하는 지역이다.

디큐브아트센터는 다른 면에서 경쟁력이 있었다. 2011년 9월 개관했다. 〈맘마미아〉〈시카고〉〈아이다〉 등 주로 신시컴퍼니 작품이 계속 올라가며 순항해 왔다. 구로구 신도림동에 위치해있다. 지역적으로 다소 낙후됐다는 이미지가 적지 않을 터. 하지만 이 공간만은 특별했다.

공연장만 달랑 있지 않았다. 디큐브시티라는 복합 문화 소비 공간 속에 공연장이 위치해 있다. 고급 백화점이 있고, 뽀로로 테마파크가 있으며, 쉐라톤 워커힐 호텔도 함께 있다. 주변엔 고급 주상복합 아파트도 있다. 한마디로 신도림역 주변이 최고급 상권으로 거듭나면서 거기에 공연장이 떡하니 들어선 꼴이다. 영등포 타임스퀘어를 연상해도 좋다. 그곳은 상품도 많고 동선도 좋지만 오히려 가격은 합리적인 편이라 강남 소비자도 자주 찾는다고 하지 않나. 그런 공간에 뮤지컬 전용관이 생겼으니 어찌 경쟁력이 없겠는가.

결국 두 공연장은 우군이 많았던 셈이다. 반면 충무아트홀은 주변 환경이 여전히 낙후된 상태다. 왕십리 뉴타운이 들어선다고 하나 공연장에 직접적인 영향을 주기엔 거리가 있다. 덩그러니 홀로 서 있는 충무아트홀이 콧대 높은 강남 소비층을 유인하기엔 버거울 수밖에 없었다.

06

자신만의 색깔로
승부하라

미국 뉴욕 브루클린대 연극학과 교수이자 동 대학교 공연예술
센터 총감독을 역임했던, 극장 전문가 스티븐 랭글리^{Stephen Langley}
는 "공연을 본다는 건, 집을 나올 때부터 집으로 돌아갈 때까지의
모든 과정"이라고 정의했다.

한번쯤 떠올려 보라, 우리 역시 그렇지 않던가. 공연장에 가서
공연을 본다는 건 조금 각별한 준비와 시간이 필요하다. 옷을 잘
차려입고, 무엇을 먹을 것인가 따져보고, 공연장까지 가는 동선을
살피고, 끝난 뒤 어떻게 시간을 보낼지 등을 알아본다. 트레이닝
복 차림으로 가볍게 산책 나가듯 보는 영화와는 다르다. 그게 단지
비싸기 때문만은 아니다. 내가 보고자 하는 공연을 하는 공연장은
한 군데 밖에 없다는 희소성이, 조금 불편하다 해도 스스로 약간
의 격식을 갖추고자 하는 수고를 기꺼이 감수하는 것이다.

그러기에 공연장은 단지 공연장 안 콘텐츠가 모든 것은 아니다. 공연을 보기까지의 프로세스가 그에 못지않게 중요한 것이다. 아무리 고급스런 명품백을 취급한다 해도 접근성이 떨어지고 안락함이 없으면 소비자가 찾겠는가 말이다. 충무아트홀의 실책은 그 부분이었다. 주변 여건이 따라주지 않는 가운데서 명품 공연 달랑 하나 들어선다고 관객이 가득차고 공연장의 이미지가 높아질 것이란 기대는 과욕이었다.

그런 탓일까. 2010년 〈미스 사이공〉 이후 충무아트홀의 라인업은 달라졌다. 어찌 보면 현실성을 담보로 했고, 자신만의 정체성을 찾기 위한 몸부림이었다. 극장이 찾아낸 답은 유럽 뮤지컬이었다.

2010년 이후 유럽 뮤지컬이 한국에서 브로드웨이, 웨스트엔드 뮤지컬과는 다른 흥행 코드로 자리 잡을 수 있게 된 데엔 이를 수입해 적극적으로 소개해 온 엠뮤지컬컴퍼니와 EMK뮤지컬컴퍼니라는 두 군데 제작사가 주도적인 역할을 했지만, 이들 작품이 맘껏 펼칠 수 있도록 장場을 마련해 준 충무아트홀의 후원 역시 빼놓을

●● 〈미스 사이공〉 이후 충무아트홀 주요 뮤지컬

작품	기간	유료점유율(%)
몬테크리스토	2011년 3월~4월	78
잭더리퍼	2011년 7월~8월	71
황태자 루돌프	2012년 11월~2013년 1월	81
몬테크리스토	2013년 6월~8월	75

수 없었다.

궁합이 딱 맞은 덕일까. 흥행 역시 꾸준히 잘됐다. 유료 점유율 모두 70%를 웃돌았다. 체코, 오스트리아, 스위스 등의 뮤지컬이 계속 올라가며 충무아트홀은 마치 '유럽 뮤지컬 전용관'처럼 인식되기 시작했다.

뮤지컬도 개성화 시대다. 천편일률적인 사랑과 비극만이 전부일 순 없다. 과거엔 금기시 된 게이 커플 스토리가 대중문화의 주류로 떠오른 지 오래다. 여태 음악으로 표현하기 힘들다는 미스터리, 암살, 공포 등도 심심치 않게 다뤄지고 있다. 소수의 취향으로 취급되던 'B급 문화'가 새로운 대안이 되고 있다.

자기에게 맞춤옷을 찾아야 한다는 얘기다. 아무리 비싸고 화려할 지라도 나와 어울리지 않는다면 독이 되는 법. 어쩌면 충무아트홀은 〈미스 사이공〉으로 비싼 수업료를 치렀지만, 자신이 무엇을할 수 있고 무엇과 어울리는지 되돌아보는 의미 있는 실패였는지모른다. 그건 강남 공연장에 비해 다소 열악한 환경이, 과거엔 다소 불리한 여건이라 치부되던 조건이, 그저 숨기고 바꿔야 할 것들이 아닌 자신만의 무기로 벼르고 확장시켜야 한다는 점이다. 올림픽 주경기장에서 조용필 콘서트가 열린다면, 홍대 클럽은 인디 밴드의 천국으로서 경쟁력을 갖게 되는 것 아닌가. 틈새를 뚫고, 새로운 영역을 구축해 가면서 충무아트홀은 고급 공연장과는 차별화된, 자신만의 독특한 색깔을 만들어 나가고 있다.

10장

김준수는
왜
조승우보다
많이 받을까

팬덤의 경제학

판도라의 상자,
열리다

'조승우의 회당 출연료는 1,800만원, 80회 총액은 14억 4,000만원.'

2010년 10월28일이었다. 중앙일보는 〈지킬 앤 하이드〉에 출연하는 조승우의 개런티를 공개했다. 이 기사로 뮤지컬계는 발칵 뒤집히고 말았다. 쉬쉬하면서 '누가 얼마 받는데'라는 뜬소문이 있긴 했지만, 이렇듯 명확하게 사실을 적시한 경우는 처음이었다.

우선 액수가 컸다. 회당 출연료 1,800만원은, 아무리 조승우라 해도 쉽게 상상하기 힘든 돈이었다. 드라마 등에서는 고현정 등 톱스타나 김수현 같은 일급 작가가 회당 수천만원을 받는다는 보도가 간간히 있었지만, 뮤지컬 바닥에서는 회당 1,000만원이 넘는 돈이란 피부에 와 닿는 숫자가 아니었다. 이전까지 이름 꽤 알려진 특급 뮤지컬 배우, 이를테면 류정한, 엄기준, 임태경 등의 회당 출연료가 400만원 내외였으니, 갑작스레 노출된 조승우 개런티는 이에 비해 4배가 넘었다. 소녀시대, 슈퍼주니어 등 인기 절정의 아이돌 출신이 뮤지컬을 한다고 해도 큰 돈을 건네거나 요구하기란, 제작사도 매니지먼트사도 머뭇거릴 때였다. 이런 와중에 1,800이라니, 아무리 조승우가 대한민국 뮤지컬 지존이라는 걸 인정하면서도, 업계의 충격은 컸다.

뮤지컬계 외부의 시선은 오히려 회당 출연료보다 총액이었다. 조승우는 〈지킬 앤 하이드〉에 80회 가량 출연, 전부 합치면 14억 4,000만원이나 된다. 연습 기간까지 합치면 조승우가 작품에 쏟는 기간은 6개월가량. 이 정도면 웬만한 영화 한편 찍는 기간과 비슷하지 않던가. 영화에서도 주연 배우의 개런티가 5억원을 넘는 경우가 그리 많지 않은 터라, 뮤지컬에서 그 3배에 해당하는 돈을 벌다니…… 게다가 뮤지컬은 어쨌든 무대요, 아날로그 장르인 터라 상업장르이고 대중문화인 영화보단 가난하다는 인식이 클 때였다. '뮤지컬만 해도 돈 엄청 버는구나'라는 사실은 놀랍고 신기했다.

그래도 여전히 궁핍한 게 무대 예술 아니던가. 돈 한 푼 못 벌며 하루하루 연명하듯 살고 있는 공연예술인이 수두룩한 게 한국 사회다. 부자에 대한 곱지 못한 시선도 많고, 같이 작업하는데 누군 억 단위로 얘기가 오가는데, 누군 몇백만원 번다는 사실에 어느 누가 불편하지 않으랴. 그저 모른 척 할 뿐이었지만, 공개된 이상 조승우로서도 좌불안석일 수밖에 없었다. 연습실에 나와서도 조용히 지내야 했다.

당시 〈지킬 앤 하이드〉를 제작하는 오디뮤지컬컴퍼니 신춘수 대표로서 이를 그냥 넘길 수 없었다. 어떡하든 조승우 고액 개런티에 대한 안 좋은 여론을 누그러뜨려야 했다. 기사가 난 당일 오후, 부랴부랴 기자회견을 열고 "조승우, 그만한 값어치 한다"는 취지의 발언을 했다. 이런 설명이 이어졌다.

"회당 매출액이 1억 5,000만원 정도 나온다. 미국 같은 경우에도 스타가 매출의 15~20% 가량을 가져간다."

"스타 마케팅이 매출에 도움이 되는 것은 사실이다. 우리 티켓이 판매되는 것 역시 조승우 효과를 보는 것 아니겠는가."

"조승우가 출연하면 마케팅과 광고비용이 상대적으로 줄기 때문에 조승우의 출연료가 바로 제작비 상승으로 이어지지는 않는다."

"스타 캐스팅과 높은 출연료 때문에 제작비와 티켓 가격이 동반 상승해 왔다는 점을 인정하고, 배우들에게 무분별하게 많은 출연료를 주는 건 비판받아야 한다고 생각한다. 그러나 조승우의 경우 실력과 티켓 파워를 높이 평가해 회당 1,800만원에 계약했다."

안간힘을 썼다. 고액 개런티가 제작비 상승으로 연결돼 비싼 티켓값의 주범이라는 비판이 3단 논법으로 흔하게 등장하곤 했다. 어떡하든 높은 티켓 가격과 조승우 개런티가 연관 관계가 낮다는 것을 강조해야 했다. 그러다 한발 더 나아갔다. 조승우의 출연료가 적정하다는 것을 강조하기 위해 김준수를 끌어들였다.

"조승우의 개런티 1,800만원 맞다. 하지만 역대 최고 아니다. 김준수는 조승우가 복귀하기 전 3,000만원을 받았다."

"조승우의 연기는 이미 4차례나 〈지킬 앤 하이드〉를 해오면서 그 이상의 가치를 만들어냈다. 김준수의 연기에 대해선 평가를 유보하겠다. 솔직히 말하면 조승우는 순수 뮤지컬 관객이 많지만 김준수는 팬 분들이 많더라." 듣기엔 별 내용 아닐 수 있다. 하지만 뉘앙스엔 이런 의도가 숨겨 있는 듯 보였다. '아니 빠순이만 보러오는 데도 김준수 3,000 받잖아. 솔직히 잘 하는 것도 아닌데…… 반면에 조승우는 잘하고 공연 질도 높이는 데 고작 1,800밖에 안 받는다고. 그게 많아? 왜들 난리야!'

결국 이 기자회견은 조승우의 고액 개런티에 대한 납득할 만한 설명이 되려는 본래 의도를 벗어나고 말았다. 신 대표가 의도했든 안했든 과연 김준수가 높은 개런티를 받을 만하냐는 새로운 이슈를 낳고 말았다. 이 내용은 김준수 팬을 크게 자극시키고 결집시키게 만들었다. 신 대표는 김준수 팬들에게 '공공의 적'이 돼 집중포화를 받게 됐다. 입에 담기 힘든 인신공격성 글이 난무했다.

김준수 출연료는
얼마일까

조승우로부터 촉발된 뮤지컬 고액 개런티는 이후 김준수한테 넘어오고 말았다. 2011년초 뮤지컬 '천국의 눈물' 기자회견장에 주인공 김준수가 자리했다. 자연스레 기자들은 "얼마 받고 출연을 결정했는가"란 질문을 서슴없이 던지기 시작했다. 청문회장을 방불케 했다.

당시 난감해 하는 김준수를 대신해 제작을 한 설도윤 씨가 대신 나섰다. 정확한 액수를 원하는 질문 공세를 피하며 '노 개런티'라는 다소 황당한 답변을 내놓게 됐다. "전체 수익의 일정 지분을 갖기로 했다"는 부연 설명을 했지만, 러닝 개런티라는 걸 설명하다 나온 다소 엇나간 설명이었다.

그럼 도대체 김준수는 얼마나 받을까.

그는 한국 뮤지컬에서 최초로 러닝 개런티(running guarantee 홍행 성적에 따라 출연료를 결정하는 것)를 받은 배우다. 그의 데뷔작 2010년도 〈모차르트!〉에서 김준수는 회당 기본 500~800만원, 유료 관객 85~87% 이상의 매출 수입을 갖기로 계약했다. 출연 회차 별로 차등해 기본급과 퍼센트의 구간을 달리했다.

〈모차르트!〉는 세종문화회관 대극장에서 공연됐고, 극장은 3,000석이다. 국내 최대 규모다. 이곳을 유료 관객으로만 80% 이 상 채운다는 건, 좀체 드문 일이다. 〈모차르트!〉 제작사인 EMK뮤 지컬컴퍼니의 엄홍현 대표는 당시를 이렇게 기억한다.

"기본적으로 회당 800만원은 합리적이죠. 문제는 러닝 개런티 인데, 87% 이상을 가져가겠다고 하는 거예요. 처음엔 긴가민가했 어요. 3층 빼고, 1층과 2층 객석만 따져서, 그걸 100%로 할 경우 의 87% 이상이라는 것을 잘못 말하는 게 아닌가 하고. 사실 3층은 시야가 썩 좋지 않아 꽉 채우기 힘들거든요. 아니래요. 전체에서 87% 이상 되면 그때부터 가져가겠대요. 유료로 87%를 채우면 준 수 800만원 주고도 수익 남거든요. 전 좋다고 했죠."

그때만 해도 김준수의 티켓 파워가 이 정도일줄 누가 알았으랴. 엄대표도 속으론 '너무 자신만만한 거 아냐'라고 했을지도 모른다.

그런데 그게 아니었다. 진짜로 싹 팔려 나갔다. 한 장의 여유 티 켓도 없이, 그것도 티켓 오픈 몇 분 만에. "소름이 쫘악 끼쳤다. 무 슨 태풍 같은 느낌, 블랙홀에 빠져 들어갈 때 이럴까 싶기도 하 고……"라는 제작사 직원도 있었다.

결국 전회 매진을 기록하며 김준수는 '기본 500~800만원 + 회당 매출액의 13~15%'를 가져가게 됐다. 결산해 보니 2010년 〈모차르트!〉 당시 김준수는 대략 회당 3,000만원 안팎의 출연료를 가져가게 됐다.

이후 김준수의 뮤지컬 출연료 계약은 러닝 개런티가 당연시되었다. 티켓 파워가 입증됨에 따라 김준수가 가져가는 비율도 조금씩 늘어가게 되고, 매진 사례가 이어지면서 개런티도 자연스레 증가했다. 그건 2013년 〈엘리자벳〉 재공연에서도 변함없었다.

이 공연에서 김준수는 '기본급 1,000만원+유료점유율 85% 이상'을 계약한다. 공연은 2,000석 규모의 예술의전당 오페라극장. 티켓값이 조금 높아 매진됐을 때 회당 매출액은 2억원에 이르렀고, 계산하면 유료점유율 15%은 3,000만원에 해당한다. 매진될 경우 김준수는 '1,000만원+3,000만원'을 가져간다는 얘기다.

회당 출연료 4,000만원. 결국 계산대로, 예상대로 김준수는 회당 4,000만원을 받았다. 감히 그 누구도 넘보기 힘든 최고의 몸값이었다.

김준수 〈디셈버〉 회당 개런티는 7,800만원?

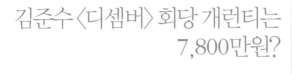

그런데 한 가지 의문이 든다. 러닝 개런티로 했지만 처음 데뷔작에서 김준수는 3,000만원을 조금 넘겼다. 이후에도 계속 매진시켰다. 〈모차르트!〉 재공연, 〈엘리자벳〉 초연, 〈엘리자벳〉 재공연 등. 그래서 4,000만원으로, 1,000만원가량 늘었다. 이게 과연 합리적일까.

김준수는 지금껏 2010년 데뷔이래 전 회차분을 연속 매진시켰다. 프로야구로 치자면 4년 연속 MVP를 받은 거나 다름없다. 그렇다면 연봉이 폭발적으로 높아지듯, 김준수의 출연료도 더 높아지는 게 상식이다. 그가 아무리 최초 출연료가 높다해도 3,000만원대에서 4,000만원으로 늘어난 건, 실적에 비해선 주춤한 모양새다.

더 중요한 건 비율이다. 2013년 〈엘리자벳〉으로 볼 수 있듯, 이제 김준수의 회당 출연료는 매출액의 20%라는 게 하나의 공식처럼 자리 잡았다. 보통의 뮤지컬이 유료 점유율 50~55% 가량을 손익분기점으로 보고 있다. 그렇다면 100%를 채운다면, 45%이상 수익을 남긴다는 뜻인데, 이중 20%를 김준수가 가져가는 게 과연 많은 걸까.

난 아니라고 본다. 작품이 아니라, 김준수만을 보고 오는 관객이 사실상 100%인데 당연히 김준수에게 돌아가는 몫이 더 많아야 정상이다. 딴 배우와의 상대적인 비교로 많고 적은 게 중요한 게 아니라, 현재의 공연 관객 분포와 수익 구조를 보았을 때 김준수가 매출의 20%를 차지하는 건, 결코 과한 게 아니요, 오히려 그에게 불합리하다고 볼 수 있다는 얘기다.

그런데 조금 이상하지 않은가. 모두들 김준수를 섭외하고자 하는데, 제작자라면 목을 매는데, 협상에서 월등히 유리한 고지를 점령하고 칼자루를 쥔 쪽은 김준수쪽인데, 그가 고작(?) 20%만 가져가는 게 말이다.

비밀은 바로 해외 로열티와 부가세다. 〈천국의 눈물〉 이외에 그가 출연한 〈모차르트!〉와 〈엘리자벳〉은 EMK뮤지컬컴퍼니에서 만들었고, 모두 오스트리아 라이선스 뮤지컬이다. 해외 판권 계약에 따라 매출의 일정액을 무조건 외국 오리지널 제작사에 보내야 한다. 통상 15%선이다. 하나 더, 라이선스 뮤지컬은 매출의 10%를 부가세로 정부가 징수한다. 창작 뮤지컬엔 '예술 진흥'이란 차원에서 세금을 안 매기지만, 라이선스 뮤지컬은 '돈벌이를 한다'는 명목으로 세금을 물린다. 따라서 라이선스 뮤지컬은 기본적으로 전체 매출의 25%를 무조건 뗀다고 보면 된다. (티켓수수료 5% 내외는 창작, 라이선스 가리지 않지만) 따라서 김준수가 전체 매출의 20%를 가져가는 건, 현재의 라이선스 뮤지컬 매출 구조상 사실상 가져갈 수 있는 최대치를 뽑아간다고 보면 된다. 제작사가 아무리 김준수를 탐낸다고 해도 라이선스 뮤지컬을 제작하는 이상 20% 넘게 개런티를 주었다간, 아무리 100% 매진을 시켜도 사실상 남는 게 없다는 얘기다.

이건 라이선스 뮤지컬의 속성 때문이다. 그렇다면 창작 뮤지컬은? 해외 로열티가 없다. 부가세도 없다. 라이선스 뮤지컬에 비해 매출의 25%가 절약된다는 얘기다. 매출이 똑같은데, 나가는 돈이 적다는 거다. 당연히 김준수의 개런티도 달라져야 하는 것 아닌가.

그래서 2013년 연말 세종문화회관에서 올라간 대형 창작 뮤지컬 〈디셈버〉의 개런티에 대해 왈가왈부하는 소리가 많은 거다. 무작정 '회당 1억원을 받는다'라는 소문도 적지 않게 퍼져 나갔다.

여기서 한번 꼼꼼히 따져보자. 김준수의 개런티를 말이다. 물론 당사자간의 계약이니 다를 수 있다. 하지만 전례를 바탕으로 한 과학적 추론은 상당히 설득력 있을 것이다.

우선 〈디셈버〉의 회당 매출액이다. 매진될 경우 2억 4,000만원이다. 세종문화회관이 3,000석이고, 객석당 평균 가격이 8만원이기에 나오는 수치다.

그럼 우선 과거 전례에 비춰, 김준수가 20%만 가져간다고 보자. 그럼 김준수의 회당 개런티는 4,800만원이다. 여기까진 누구든 수긍할 수 있는 대목이다. 중요한 건 〈디셈버〉가 〈엘리자벳〉이나 〈모차르트!〉와 달리 창작 뮤지컬이라는 점이다. 라이선스 뮤지컬에서 무조건 25%가 나가는 돈을 〈디셈버〉는 절약할 수 있다는 얘기다. 그럼 이 25%를 어떻게 해야 하나. 제작사가 몽땅 꿀꺽해야 하나.

다른 배우라면 그럴 수 있다. 하지만 김준수 출연 공연엔 김준수 팬이 오지 않던가. 김준수가 당연히 권리를 주장할 수 있다. 반대로 25%를 몽땅 김준수가 가져가나. 그럼 제작사는 뭘 남기란 말인가. 이 지점에서 타협점이 생길 듯싶다. 즉 창작 뮤지컬이기에 라이선스 뮤지컬에 비해 절약되는 매출액의 25%를 제작사와 김준수가 반반씩 나눠 가질 것이란 얘기다.

결론적으로 말하면 라이선스 뮤지컬에서 통상적으로 받는 매출액의 20%에다가, 창작 뮤지컬이기에 추가로 발생한 매출액의 25%의 절반인 12.5%를 더하면 김준수의 최종 개런티가 나오게 것이다. 즉 매출액의 32.5%. 계산하면 7,800만원이다.

억지 같나. 황당한 계산법일까. 아니다. 충분히 합리적이며 김준수이건 제작사이건 수긍할 수 있는 숫자다. 김준수에게 이렇게 주고도 제작사가 회당 5,000만원 남긴다면 누가 마다하겠는가. 구체적으론 제작사와 김준수가 이렇게 계약하지 않았을까 싶다. 기본 개런티 3,000만원+유료 점유율 80%이상. 이 경우 정확히 매출의

32.5%인 7,800만원을 찍게 된다. 물론 매진시켰을 때 얘기지만.

　김준수는 〈디셈버〉에 30회 출연한다. 합하면 23억 4,000만원 이라는 계산이 나온다. 가히 어느 누구도 범접하기 힘든 고액 개 런티다.

04

조승우는 느슨,
김준수는 맹목?

김준수 7,800만원 받을 수 있다. 아니 충분히 그 값어치 한다. 우린 그에게 자선사업가를 바라선 안 된다. 그렇게 받는 게 자기에게도 좋고, 제작사에게도 남는 장사인대 무엇이 문제인가. 제작자가 바보인가. 티켓 안 팔리는 데 이런 출연료 줄 리 없고 계약할 리 없다.

그렇다면 조승우는 어느 정도일까. 2010년 〈지킬 앤 하이드〉때 회당 1,800만원을 받았던 그는 이후 완만한 상승 곡선을 그렸다. 2013년 〈맨 오브 라만차〉를 하면서 그는 2,500만원 내외를 받은 것으로 알려졌다.

물론 회당 2,500만원도 엄청난 액수다. 조승우니깐 이 정도 받는 거다. 그래도 명색이 뮤지컬 지존 아니던가. 2011년 뮤지컬계 영향력 설문조사에서 제작자, 투자자, 연출가 등을 제치고 단연 뮤지컬 파워 1위로 꼽힌 게 배우 조승우였다. 당시 조사에서 김준수는 고작(?) 8위였다. 시간이 지나 김준수의 영향력이 커졌다 해도, 김준수 출연료의 3분의 1밖에 못 받는다는 건 쉽게 납득하기 어려운 일 아닐까.

이런 차이, 시장은 그만큼 냉정하다는 반증일지 모른다. 김준수는 무조건 매진이다. 객석을 채우는 게 뮤지컬 팬이든, 일반인이든, 김준수만 해바라기처럼 바라보는 팬이든 그건 그 다음일이다. 어떤 공연이든, 퀄리티가 낮든 높든, 완성도가 떨어지든 상관없이 무조건 솔드 아웃(Sold Out)을 기록한다는 것만큼 제작자를 안심시키는 요소가 있을까.

또 따지고 보면 7,800만원은 김준수가 무조건 가져가는 것도 아니다. 관객이 차야 가능한 돈이다. 객석이 덜 차면 기본 출연료만 가져간다. 팔린 것에 대한 인센티브 개념이므로 나름 합리적인 액수일 수도 있다. 제작자가 손해 안보는 장사라는 거다.

그러면 조승우는 왜 김준수보다 출연료가 낮을까. 매번 매진되지는 않기 때문이다. 공연마다 편차가 있다. 〈지킬 앤 하이드〉와 〈헤드윅〉을 할 때는 유료 점유율 100%다. 하지만 〈맨 오브 라만차〉 〈조로〉 〈닥터 지바고〉에서는 빈자리가 심심치 않게 있었다. 심지어 2012년 〈닥터 지바고〉를 할 때는 50% 할인된 가격으로 소셜커머스에 조승우 공연분이 나오기까지 했다. 표를 못 구해 안달인 게 아니라, 안 팔려 폭탄세일했다는 건 조승우로선 굴욕이다.

그만큼 팬의 충성도가 높지 않다고 볼 수 있다. 과연 조승우 광팬이 몇 명이나 될까. 멋있고, 잘 생기고, 연기 잘하고, 노래 잘한다고 열성적인 팬이 생기는 충분조건이 되는 건 아니다. 조승우의 외연은 너무 넓다. 바깥에서도 좋아하는 사람이 많다는 뜻이다. 그는 이미 영화에서도 톱스타다. 드라마 데뷔작으로 연기 대상을 받기까지 했다. 뮤지컬 팬들로서는, 뮤지컬 마니아로서는 조승우는 쉽게 범접하기 어렵다. 나만 가질 수 있는 대상이 아닐 때, 과연 그에 대해 절대적인 지지를 하게 될까.

이성적으로 판단하기에 공연에 따라 판매량이 달라지는 거다. 인지도는 높고, 이미지도 좋고, 팬층도 넓지만 두 팔 걷어붙이고 열성적으로 뛰어드는 팬층은 얇다고 볼 수 있다. 조승우를 좋아하지만, 꼭 마음에 드는 공연이 아니면 굳이 10만원 이상 내고 보진 않는다는 거다. 팬보다는 일반적으로 뮤지컬을 좋아하는 사람들이 기왕이면 조승우가 나오는 뮤지컬을 찾아본다는 의미다.

반면 김준수 팬의 충성도는 절대적이다. 맹목적이라는 표현이 적절할 만큼 만사 제치고 그를 지지한다. 그를 볼 수 있다면 어떤 뮤지컬이든 상관없다. 완성도, 음악, 무대 모두 한참 후순위다. 김준수가 택한 뮤지컬이라는 것으로 살 이유 충분하다.

김준수 팬층의 나이가 다소 어릴지도 모른다. 김준수의 마력이 중독적일 수도 있다. 하지만 가장 큰 이유는 박해받는 히어로이기 때문이다. 엔터테인먼트계 최강자 SM으로부터 나와(자진이든 추출이든) 방송에 출연할 수 없는 건 기본이요, 다른 활동을 할 때도 SM의 방해공작이 있다는 건 팬들 사이에서는 널리 알려진 사실이다. 이건 전쟁이다. 무조건 김준수를 지켜야 한다. 그를 살려내야 한다는 절박감이 팬을 더욱 결집시키는 원동력이다.

이런 엄혹한 판국에 뮤지컬 작품의 세부 내용 운운은 한가한 소리다. 그건 진정한 김준수 팬이 아니다. 사이비나 회색분자는 필요없다.

진정한 사랑이란 그런 거 아닌가. 필요할 때, 여유 있을 때 하는 게 무슨 지고지순한 사랑인가. 상대방이 돈이 없어도, 가진 게 없어도 그저 믿고 변치 않는 게 진정한 사랑 아니냐 말이다. 김준수 팬이 그렇다. 오빠가 나오니깐, 꼭 멋지지 않더라도 혹은 작품이 좋지 않더라도 무조건 봐야 오빠가 힘을 내지 않겠는가 말이다. 조건을 따지지 않는 일편단심, 김준수 팬심의 요체다.

결국 충성도 높은 팬을 얼마나 확보했느냐에 따라 조승우와 김준수의 개런티는 확연한 차이를 보이는 것이다. 뮤지컬 배우 류정한, 홍광호 등이 유준상, 안재욱 등에 비해 인지도 면에서는 뒤지지만 뮤지컬 출연료 등에서 결코 뒤지지 않는 것도, 류정한 홍광호가 나왔다 하면 꼭 사는 열혈 팬이 뒤에 든든히 받쳐주고 있기 때문이다. 티켓이 팔려 결국 매출을 높여 주는데 어떤 제작자가 출연료를 함부로 낮출 수 있겠는가 말이다.

뮤지컬판에서 영향력, 위상 등을 종합해보면 아직 김준수는 조승우에 비해 못 미친다. 하지만 티켓 판매량에 있어서만큼은, 팬의 결집력으로 인해 김준수가 조승우보다 한 수 위이며, 그게 개런티로도 반영되고 있다. 뜨거운 지원군이 있다는 거, 없는 것 보단 당연히 좋은 일일 것이다. 하지만 세상엔 명과 암이 공존하니, 세상사 그리 간단치 않으니 참으로 오묘한 일이다.

인기 팬투표를 하면 무조건 김준수가 1등이다. '더 뮤지컬 어워즈'에서 김준수는 2010년부터 3년 연속 인기스타상으로 수상했다. 2위와의 격차도 5배 이상이었다. 여자 배우 부문 역시 김준수와 파트너를 했던 여배우가 받았다. 반면 조승우는 단 한 번도 인기상을 받진 못했다. 남우주연상은 세 차례나 받았음에도 불구하고 말이다. 그만큼 조승우로 인해 밤잠을 설치는, 열성적인 팬은 적다는 증거다. 하지만 무조건적인 지지가 적다는 게, 이성적인 관객이 대다수라는 점이 어쩌면 조승우의 생명력을 오래가게 하는 밑바탕이 될지도 모른다. 무엇을 하든 좋아하는 게 아니기에, 관용과 이해보다 냉정한 관객이 있다는 게 배우로선 때로는 아쉽고, 피곤한 일일지 모르지만 또한 긴장감을 놓을 수 없는 요인으로 작용해 발전의 추동력이 되기도 한다. 응석받이보다 독립심이 강한 아이가 성숙해지는 것처럼 말이다. 조승우는 자신을 지지하는 팬층의 성향이 어떻다는 것을 잘 알고 있을 듯싶다.

반대로 지나치게 열성 팬에게 둘러싸여 있다는 게 김준수에겐 자칫 화가 될 수도 있다. 태양에 너무 가깝게 다가가면 몸이 타 들

뮤지컬 사회학

어가는 게 세상 이치 아니던가. 빨리 뜨거워지면 빨리 식듯, 강렬한 열정은 차가운 배신의 또 다른 얼굴이다. 열애설이나 불미스런 사건에 휘말려 한순간에 팬이 떠나가는 걸 우린 숱하게 봐 왔다. 팬이란, 대중이란 변덕스럽다. 전혀 예상 밖의 사소한 일로 싸늘해지곤 한다. 이런 얘기에 김준수 팬들은 "무슨 헛소리야, 우린 결코 변하지 않아"라고 하겠지만 미래란 알 수 없다.

철저히 팬에게만 둘러싸여 일반 관객에게 노출이 적다는 점도 김준수에겐 다소 불리한 요소다. 가수가 아닌 뮤지컬 배우 김준수는 무대에서도 만만치 않은 실력을 보이고 있다. 2012년 한국뮤지컬대상에서 〈엘리자벳〉으로 남우주연상을 받은 건 그가 단지 인기만 있고 티켓 잘 팔려서 가능했던 것은 아니다. 하지만 일반인들은 그의 마성을 잘 모른다. 볼 기회가 없다. 팬들이 티켓을 단 몇 분만에 싹쓸이하기 때문이다. 팬의 확장성이 저해되고 있다는 점은 김준수도, 그의 열혈 팬도 한번쯤 짚어볼 사안이다.

05

김준수가 불러온
낯선 풍경

김준수가 출연하는 날의 공연장은 평소와 다르다. 우선 오페라 글라스가 동이 난다. 팬들은 그의 모습을 더 자세히 보고 싶어 한다. 그 모습은 일사불란하다. 평상시에 가만히 있다가 김준수가 무대에 등장하는 순간, 아니 등장하기 전에 이미 손에 잡고 있던 글라스를 동시에 들어올린다. 내리는 지점도 일사분란하다. 군대 제식훈련을 연상시킨다.

헛기침도 빼놓을 수 없는 에피소드다. 평상시 다른 공연을 할 때도 '흠―' 같은 소리는 간혹 들린다. 아주 크지만 않으면 기본적인 생리현상이니 그러려니 지나가곤 한다. 하지만 준수 오빠가 나오는 공연 아닌가. 팬들은 혹여 자신의 이상한 소리가 오빠의 연기를 방해하고, 공연의 집중도를 저해할까봐, 공연 직전 먼저 해버린다. 그것도 거의 비슷한 시간에. 일제히 이곳저곳에서 헛기침이 나오다니, 조금 우스꽝스러운 광경을 연출하는 게 아닌가. 관람 도중 할지 모르니, 예방 차원에서 일부러 헛기침을 미리 하는 거다. 그리곤 서로 민망했는지 키득거리는 웃음소리가 이어서 나온다. 헛기침과 웃음, 거기엔 김준수 팬이라는 공감대와 공동체 의식도 함께 깃들여있다. 일종의 연대감이다.

2011년 초였다. 나는 국립극장 해오름극장에서 하는 〈천국의 눈물〉을 보러갔다. 김준수가 출연했다. 1년 전 김준수의 〈모차르트!〉를 보았던 터라 익히 어떤 분위기일 줄은 짐작했지만 다시 그걸 경험하는 건 신기했다. 하여튼 공연은 썩 나쁘지 않았다. 짝퉁 〈미스사이공〉을 연상시키는, 지나친 신파의 드라마가 거슬리긴 했지만 그럭저럭 볼만했다. 그래서 리뷰도 괜찮다는 톤으로 썼다.

그리고 며칠 후 다른 공연장에서 뮤지컬 관계자를 만났다. 대뜸 "〈천국의 눈물〉을 뭐 그리 좋다고 써?"라며 핀잔을 주었다. 다른 사람들도 비슷하게 말을 건네 왔다. '그랬나, 나는 느낀 그대로 썼을 뿐인데'라며 의아해했다.

그리고 며칠 후 〈천국의 눈물〉을 한 번 더 보러갔다. 딴 캐스팅이었다. 그건 딴 공연이었다. 지난번에 본 것과 같은 공연이었나 싶을 정도였다. 우연의 남발이 눈에 거슬렸고, 썰렁한 객석은 별다른 반응이 없었으며, 이런 어색함을 극복하기 위해 출연자들이 오버하다 보니 점점 손발 오그라드는, 그야말로 악순환이었다.

왜 그랬을까. 김준수 때문이었다. 김준수가 출연하지 않아 공연의 민낯이 그대로 드러난 것이었다. 나에게 타박을 준 관계자들은 〈천국의 눈물〉 오프닝에 갔었는데, 그때도 김준수가 출연한 건 아니었다. 어차피 김준수 출연분은 빨리 매진되는 터라 공연 관계자들도 보기 힘들었고, 다른 캐스팅의 〈천국의 눈물〉을 보고선 실망했는데, 까칠한 최민우 기자가 좋다고 리뷰를 쓰니 어처구니없다는 반응을 보였던 것이었다.

그랬다. 김준수 뮤지컬은 그렇게 달랐다. 김준수가 다른 출연진보다 잘한 면도 있지만, 그보다는 관객이 달라서 공연이 다른 것이었다. 김준수 팬으로 구성된 수천 명의 관객이 단 하나의 장면도 놓치지 않겠다는 듯, 집중해서 볼 때의 객석 몰입도는 일반적인 공연과 비교가 안 된다. 사소한 동작에도 탄성이 터져 나오는 등 관객이 뿜어내는 에너지가 무대까지 그대로 전달되니 어찌 출연자 역시 힘이 안 나겠는가. 그런 상호작용에 힘입어, 서로에게 좋은 기운을 주고받으며 김준수 공연은 더욱 시너지 효과를 보는 것이다.

희곡, 무대, 관객이라는 연극의 3요소. 너무 뻔해 잊고 있던 사실을 새삼 환기시켜 준 게 김준수 팬들이었다. 공연은 결국 최종 순간 관객에 의해 마침표를 찍을 수 있음을 보여줬다. 인기와 개런티뿐만 아니라 공연의 완성도까지 팬덤이 좌우함을 입증했다.

06

팬덤이
스타를 만든다

팬클럽은 과거에도 있었다. 1970년대 남진과 나훈아를 둘러싼 팬간의 치열한 라이벌 경쟁은 지금도 회자되고 있다. 가왕 조용필, 문화대통령 서태지, 최초로 기업화 경향을 띠기 시작한 아이돌 그룹 HOT 등도 열혈 팬덤을 탄생시켰다.

2004년 데뷔한 동방신기는 한류의 선두주자였다. 그룹명에서 보이듯, 출발부터 아시아 시장을 겨냥했다. 외국에서도 팬덤이 형성됐다. 유노윤호 영웅재중 미키유천 시아준수 최강창민 5명은 SM에서 별도의 그룹에서 연습했고, 각 파트의 에이스들이었다. 그들을 뭉쳐 외모, 노래, 춤 등이 다 되는 최고 아이돌 그룹을 탄생시킨 거다. 이런 조합, 앞으로 또 만들어질지 난 자신 없다. 그만큼 엔터테이너로서 가져야 할 재능을 고루 가졌다. 한국을 넘어 아시아의 별인 동방신기가 갈라서면서, 영웅재중 미키유천 시아준수 세 명으로 만들어진 게 JYJ다.

한국 사회에서 팬덤의 영향력이 확산되는 가장 결정적 계기는 JYJ의 탄생이라고 볼 수 있다. 1,20대가 아닌 30~50 이모팬들의 지지로 팬덤의 고정 연령대가 파괴되기 시작했다. 80년대 대학을 다닌 이모팬들은 마치 학생 운동의 기억을 떠올리듯, 거대기획사의 횡포에 맞서는 정의감으로 무장해 JYJ지지 활동을 벌였다. 경제력을 갖춘 중장년층이 합세하면서 인터넷 방송국 설립, 수억원짜리 버스 광고 등 이전 팬클럽 활동과는 비교가 안 되는 스케일이 동원됐다. 팬덤이 단순히 스타를 좋아하는 것에서 넘어, 스타를 발굴하고 키우고 확장시키는 전 과정을 주도하는 그룹으로 재편된 것이다.

팬픽, 팬아트 등 SNS의 확산과 함께 팬이 양산하는 콘텐츠가 새롭게 각광받으며 문화 소비자에서 생산자로 전환되는 점도 빼놓을 수 없다. 스타에 대한 애정보다 '팬질'하는 재미가 더 커진 것이다.

여기서 잠깐. 2013년 7월 6일자 동아일보는 4페이지에 걸쳐 팬덤 특집 기사를 다룬다. 특히 팬덤에서만 통용되는 용어를 일목요연하게 정리해 팬덤 문화에 대한 이해도를 높였다. 이름하여 '팬덤 단어장'이다. 풍자와 해학, 압축미가 절묘하게 결합돼 있다.

팬질: 팬심(팬 된 마음)으로 추동되는 일련의 활동. (예문: 팬질 시작. 팬질. 어디서부터 해야 할지 모르겠네요.) 비슷한 말: 덕질, 덕심.

오덕: 한 분야에 집중하는 사람인 오타쿠의 변형된 준말. 덕후로 변형하거나 덕으로 줄이는 게 보통.

빠순이: '오빠'를 추종하는 여성. 팬덤 밖에 있는 이가 팬을 얕잡아 부를 때 주로 쓰임. 팬덤에서는 '빠'로 경량화, 중성화하거나 우아한 어감의 '퐈슨'으로 순화하기도 함. cf. 퐈슨심(절절한 팬심) (예문: 니가 아무리 빠순이라 불러도 내 퐈슨심은 철철 넘치는군화.)

머글: 팬심이 없으며, 따라서 팬질도 하지 않는 일반인. '해리포터'에서 마법사들이 일반인을 얕잡아 부르는 말에서 유래. 특별한 적의도 없고 팬이 실제로 우월한 능력을 지닌 마법사 종족이라는 절대적 자부심이 투영돼 있지는 않음. 다만, 심장에 팬심을 장착하지 못한 이들에게선 나올 수 없는 팬들의 결집력과 희생력, 실행력이 가히 마법사급이라는 자존감이 내재돼 있음. (예문: 머글들이 하는 애기에 넘 신경쓰지 마삼.)

진지병자: 팬심 가득한 글을 지나치게 진지하게 해석해 꾸짖는 이들을 팬이 가리키는 말. 진지병자는 대개 머글이지만 팬덤 내부에서 말 그대로 지나치게 진지한 이들이거나 초보 팬인 경우도 있음.

사생: 사생활을 캐는 팬. 안방순이의 대척점에서 파파라치에 가깝게 가수의 일상을 파고드는 극렬 팬. 다수의 팬덤에서는 '불가촉천민'으로까지 불리며 배척당함. 사생임이 밝혀지면 팬들 사이에서 퇴출되기도. 빠르게 이동하는 가수를 추적하기 위해 사택(사생 택시)을 이용하는 것이 보통. (예문: 나, 사생 아냐.)

안방순이: 머글은 아니지만 적극적인 오프라인 활동 없이 TV 시청이 나 온라인 커뮤니티 활동만으로 가수를 응원하는 팬. (예문: 전 안방 순이에 불과한 걸요.)

월도, 등도, 급도: 월급 도둑, 등록금 도둑, 급식 도둑의 준말. 차례로 직 장인 팬, 대학생 팬, 중고생 팬을 가리킴. 일과시간의 많은 부분을 팬 질에 보내는 모습에서 착안한 용어. (예문: 너 생각보다 동안이구나. 급 도인 줄 알았더니 등도네.)

반도녀, 섬녀, 대륙녀: 각각 한국 팬, 일본 팬, 중국 팬. 행동거지가 바람 직한 경우 높임말인 섬언니, 대륙언니로 일컫기도 함. 케이팝 팬덤이 해외로 뻗어나가며 한국에서 열리는 행사에 섬녀와 대륙녀의 참여 율이 높아졌고 반도녀를 포함한 세 국가 팬의 동선이 얽히게 됨. 일 각에서는 반도의 팬 문화를 이해하지 못한 상황에서 섬녀나 대륙녀 가 벌이는 적극적인 팬질의 양태를 성토하는 목소리도 높아지고 있 음. (예문: 어제 단콘(가수의 단독 콘서트) 갔는데 섬언니, 대륙언니들에 둘러싸여 힘들어쓩. ㅜㅜㅜ)

새우젓(새우쨪): 팬이 스스로를 자조하며 일컫는 말. 가수가 무대에서 객석을 보면 팬들이 새우젓처럼 보일 거라는 추정에서 나옴. 팬에게 가수는 하나이지만, 가수에게 팬은 무한히 많아서 개체를 일일이 인 지하고 존중해 주기 힘들 정도라는 의미. 새우쨪으로 변형돼 쓰이기 도. (예문: 우리 새우쨪들은 그저 팬아트나 보며 놀아야지.)

대포녀, 대포여신: 대포처럼 크고 긴 망원렌즈를 장착한 카메라를 들고 다니며 가수의 사진을 찍는 팬. 대개 공방(공개방송) 현장에 나타나 촬영을 하며 다른 팬들에게 손수 만든 직찍(직접 찍은 사진)과 직캠(직접 찍은 동영상)을 제공. 기획사의 공식 사진 촬영 직원이 대포녀로 오인되는 경우도 있음. 가수를 유달리 더 매력적으로 촬영하는 직원의 경우, 팬들에게서 '이 언니, 빠순 렌즈(빠순이의 팬심이 담긴 정성어린 촬영 자세를 카메라 부품에 빗댄 말)라도 장착한 듯'이란 감탄사를 이끌어 내기도 함. 대포녀 가운데서도 백통렌즈(스포츠 사진 기자들이 주로 쓰는 커다란 흰 망원렌즈)를 사용하는 이들은 더욱 경외의 대상이 됨. 팬의 세계에서는 아이돌 그룹 멤버의 열애설 보도 직후가 고가의 DSLR 카메라를 저가에 구입할 적기라는 조언도 떠돎. 대포여신들이 일제히 팬질을 그만두게 돼 중고 카메라 시장에 매물이 넘칠 정도라는 뜻.

트위터봇, 카톡봇: 트위터봇은 팬이 스타를 가장해 운영하는 트위터 계정, 카톡봇은 같은 방식으로 운영되는 카카오톡 계정. 팬들은 봇과 대화하며 스타와 말하는 듯한 대리 만족을 느낌. 봇주(계정 운영자)는 봇 역할을 제대로 하기 위해 스타에 대한 정보와 말투를 숙지해야 함. 때로 연예인봇은 사칭 문제도 생겨 일부 팬클럽에서는 '봇 생성 기간'을 정하고 시험을 통해 공인된 봇을 선발.

조공: 팬이 가수에게 주는 선물. 대개 가수의 새 음반 발표나 활동 재개, 대형 콘서트 개최에 맞춰 이뤄지지만 개별적인 선물을 가리키는 수시 조공도 있음. 가수와 스태프를 위한 도시락 조공, 콘서트나 행

사장에 기부용 쌀 포대와 화환을 가져다 놓는 쌀 조공이 기본. 부유한 팬은 명품 가방, 노트북 컴퓨터, 자동차를 조공품에 올리기도.

일코: 일반인 코스프레의 준말. 코스튬 플레이를 하듯 일반인(머글)을 가장하고 있다는 뜻. 개인용 PC나 스마트폰의 배경화면을 가족이나 풍경 사진으로 설정하고 팬질은 일과시간 이외에 하는 것 등이 있음. (예문: 내 동생, 2년 동안 일코하다 오늘 나한테 딱 걸림. ㅋㅋ)

일코해제: 일반인 코스프레 해제의 준말. 자신이 특정 가수의 팬(빠)이라는 정체성이 백일하에 드러나는 상황을 가리킴. 예를 들어, 온라인으로 주문한 가수의 브로마이드나 음반이 사무실에 배달되다 사고로 사내 구성원 앞에서 내용물이 개봉되거나, 우연히 빌려 준 노트북에 고이 저장해 놓은 가수의 사진 폴더가 동료에게 발각되면 일코해제를 당하게 됨. 가수의 새 화보 발표일에 같은 사무실로 똑같은 크기와 형태의 택배가 일제히 배달되면서 여러 구성원이 동반 일코해제당하는 경우도 종종 발생. 일코해제 경험을 기술한 '강제 일코해제 후기' 같은 글은 흥미로운 콘텐츠로 사랑받음. (예문: 나 오늘 엄마한테 일코해제. TV에 나온 XX 얘기하다 낼모레 개 생일인 거까지 무의식중에 말함. ㅠㅠ)

짤방: 짤림(잘림) 방지의 준말. 팬 커뮤니티 게시판에 글을 쓰며 자신의 글을 자르지(안 읽고 건너뛰지) 못하도록 시선 끌기 용도로 첨부하는 사진이나 영상.

악개: 악성 개인 팬의 준말. 아이돌 그룹 멤버 중 유독 한 멤버에만 열

광하는 팬을 그룹 전체를 사랑하는 팬이 얕잡아 이르는 말. 그룹은 물론 팬덤의 안녕에도 해악을 끼치는 이들로 간주돼 배척되기도. (예문: 악개들 고나리(관리)하기도 지쳤다.)

입구: 특정 가수에게 반해 팬덤과 팬질의 세계로 들어서게 만든 계기나 순간. (예문: A-너는 입구가 뭐야? B-나? 2013년 7월 6일 음중(MBC TV '쇼! 음악중심'))

출구: 특정 가수에게 실망해 팬덤에서 나가게 된 계기나 순간. 가수의 열애설은 대표적인 출구. (예문: 출구 제대로 열어 주네.)

〈격언〉 휴덕은 있어도 탈덕은 없다: 한번 팬질의 재미에 빠지면 헤어날 수 없음. 팬질을 쉬거나 좋아하는 가수를 갈아타긴 하지만 결코 팬질을 멈추지는 못한다는 뜻. '입구는 가수의 매력이지만 정작 팬이 중독되는 대상은 팬질 그 자체'라는 교훈이 담긴 '격언'

이제 팬덤이 단순히 스타를 쫓는 이들이라고 보는 건 구식이다. 방안에 처박혀 무의미하게 시간을 허송세월한다고 여겼던 그들의 놀이가 팬픽이나 팬아트로 탈바꿈돼 버젓한 콘텐츠로 팔려나가고 있으니 말이다. 스타와 팬이 생산자—소비자의 도식을 벗어나 팬은 이제 스타를 발굴하고 만들어내 키우며 확장시키는 적극적, 능동적 소비자가 됐다. 팬덤은 이제 명실상부 대중문화를 떠받치는, 문화 권력의 한축을 담당하게 됐다.

07

보고 싶은 것만 본다,
팬덤 공화국

김준수가 뮤지컬계에 안착을 넘어 최고의 위치로 등극하는 데엔 그의 팬덤이 큰 역할을 했다는 건 엄연한 사실이다. 그건 단지 티켓을 많이 팔아준다는 데서 멈추지 않는다. 어느 분야가 그렇겠지만 뮤지컬도 진입장벽이 녹록치 않다. 텃세가 세다는 거다. 연예계에서 뮤지컬 무대로 넘어온 이들에게 호의적인 시선을 줄 리 없다. 조금만 못해도 악플이 쏟아지는 건 기본이요, 저주에 가까운 뒷담화가 넘쳐나기 일쑤다. 이런 고난을 견뎌내야 뮤지컬 바닥에서 생존할 수 있다. 그 고비를 대부분 연예인이나 아이돌은 사실 넘지 못했다. 하지만 김준수는 훌쩍 뛰어넘을 수 있었다. 그의 실력을 넘어 팬들의 열화와 같은 응원이 있었기에 가능했다.

어느 누가 감히 김준수에 대해 악의적인 평가를 내릴 수 있단 말인가. 자칫 잘못했다간 혹독한 신상털기를 당할지도 모르는데 말이다. 이런 환경에서 언론도 눈치 보기 바쁘며, 뮤지컬 마니아라 불리는 뮤덕 역시 딴 아이돌은 서슴없이 욕할지 몰라도 김준수를 함부로 깎아내렸다간 단단히 각오를 해야 할 것이다. 그만큼 김준수를 지켜내기 위한 팬의 결집력을 강했고, 그런 힘이 모아져 김준수가 뮤지컬계에서 뿌리내릴 수 있는 풍토를 조성해 준 것이다.

대중음악평론가 이민희 씨는 그의 저서 『팬덤이거나 빠순이거나』에서 이렇게 적시한다. "팬들은 여론이나 세상을 어떻게 설득해야 하는지, 무엇을 어떻게 배척해야 하는지, 분란을 어떻게 예측하고 만드는지를 안다. 팬질은 곧 정치질이다."

팬덤을 그저 스타를 순수하게 사랑하는 이들의 집단으로 보는 건 지나친 단순화다. 팬덤이 움직이는 모습은 정치판과 비슷하다. 다른 팬덤과 경쟁하며 치열한 세력 다툼을 벌인다. 싸움에 어찌 정정당당함만이 있겠는가. 악성 소문과 음해와 같은 반칙 행위가 난무할 수밖에 없다. 대외적으론 싸우면서 팬덤 안에서도 추종세력을 키워내야 한다. 내부 권력 다툼을 동시에 벌인다는 얘기다. 배타성과 세력화는 이제 팬덤의 특징이 되고 말았다.

아마 전 세계에서 이런 극성적인 팬클럽을 가진 나라가 어디에 있을까. 어찌 보면 압축성장의 또 다른 모습이 한국 팬클럽일지 모른다. 수단 방법 가리지 않고 어떡하든 성공하고자 하는 열망이 강한 한국인의 자화상이 그대로 팬덤 문화에 투영됐을지도 모른다. 따지고 보면 사실 그렇다. 진보와 보수로 나뉘어 치열하게 싸우는 한국의 정치 풍경은 팬덤 문화도 똑같다. 어디 논리와 설득이 있는가. 그저 힘겨루기일 뿐이다. 무조건 우기면 되고, 밀리면 끝장이다. 불리할 경우 딴 이슈를 터뜨려 논점을 흐리거나, 아전인수식 해석이 난무할 뿐이다. 무조건적인 지지를 원하지, 자칫 합리라는 명분으로 자기편을 공격했다간 '회색분자'라는 딱지를 붙일지도 모른다. 같은 편이면 무조건 감싸 안아야 한다는 점에서 진영논리와 팬덤은 같은 얼굴이다.

현재 한국 뮤지컬계를 지탱하는 힘은 팬덤이다. 대부분의 뮤지컬에서도 스타를 캐스팅하지 않고 객석을 채우기란 언감생심이다. 김준수가 막강 팬덤의 상징이라 도드라질 뿐, 정도의 차이가 있을 뿐, 일반적인 작품에서도 스타 캐스팅은 최우선 조건이다.

문제는 팬덤에 기반을 둔 한국 뮤지컬 산업의 지속성이 얼마나 유효할 것이냐는 점이다. 뮤지컬이란 장르가 20세기 들어서 무대 예술의 꽃으로 필 수 있었던 건 사실 팬덤에 의존하지 않고서였다. 뮤지컬이 등장하기 전까지 가장 인기 있던 발레와 오페라는 전적으로 누가 출연하느냐에 따라 흥행이 좌우됐다. 두 장르 공히 테크닉을 숙련하기까지 오랜 기간이 필요하지 않던가. 게다가 무대에서 감동을 주려면 단순한 기능을 넘은 그 무엇이 있어야 했다. 몇몇 발군의 기량을 지닌 발레리나나 오페라 가수에게 의존도가 높아지면서, 즉 대량 생산이 사실상 불가능해지면서 발레와 오페라는 대중이 문화 소비의 중심으로 떠오른 20세기, 무대 예술의 왕좌 자리

뮤지컬 사회학

를 뮤지컬에 내주고 말았다.

뮤지컬이 쉽기 때문이 아니었다. 누가 출연해도 괜찮은, 장기 공연이 가능한 장르였기에 짧은 기간만 공연할 수밖에 없는 오페라와 발레에 비해 상품성에서 훨씬 경쟁력을 가질 수 있었다는 것이다. 그걸 지금 21세기 대한민국 뮤지컬 시장은 역행하려 하는 것이다. 마치 19세기 발레와 오페라처럼, 특정인에 전적으로 의존하는, 팬덤에만 의지하는 모습을 연출하고 있다.

어쩌면 '스타가 아닌 작품으로 승부해야 한다'는 건 거창한 구호가 아닌, 뮤지컬이란 장르가 살아남기 위한 발버둥일지 모른다. 팬덤의 호주머니를 터는 것으론, 그들에게 호객행위만 해서는 미래가 없음을 한국 뮤지컬 제작자들은 직시해야 한다.

뮤지컬
사회학

ⓒ 최민우

1판 1쇄   2014년 5월 20일
1판 6쇄   2023년 12월 18일

지은이   최민우
펴낸이   김승욱
편집   김승관 장윤정 한지완
디자인   윤종윤 김이정 문성미
마케팅   김도윤 정민호 박치우 한민아 이민경 박진희 정경주 정유선 김수인
브랜딩   함유지 함근아 고보미 박민재 김희숙 박다솔 조다현 정승민 배진성
제작   강신은 김동욱 이순호

펴낸곳   이콘출판(주)
출판등록   2003년 3월 12일 제406-2003-059호

주소   10881 경기도 파주시 회동길 455-3
전자우편   book@econbook.com
전화   031-8071-8677
팩스   031-8071-8672

ISBN 978-89-97453-25-2 03300

* 이 도서의 국립중앙도서관 출판예정도서목록(CIP)은 서지정보유통지원시스템 홈페이지
  (http://seoji.nl.go.kr)와 국가자료공동목록시스템(http://www.nl.go.kr/kolisnet)에서
  이용하실 수 있습니다. (CIP제어번호: CIP2014014315)